我眼中的中国经济
挑战、对策与展望

[俄罗斯]阿列克谢·马斯洛夫◎著
陈渊宇◎译

图书在版编目（CIP）数据

我眼中的中国经济：挑战、对策与展望 /（俄罗斯）阿列克谢·马斯洛夫著；陈渊宇译. -- 北京：中国画报出版社，2022.10

ISBN 978-7-5146-2139-6

Ⅰ. ①我… Ⅱ. ①阿… ②陈… Ⅲ. ①中国经济—研究 Ⅳ. ①F12

中国版本图书馆 CIP 数据核字 (2022) 第 059968 号

特邀审稿
经济学专家：李永军（北京大学）　审校专家：王亚明

我眼中的中国经济：挑战、对策与展望

[俄罗斯] 阿列克谢·马斯洛夫　著
陈渊宇　译

出 版 人：方允仲
责任编辑：刘慧玲
封面设计：王薯聿
内文排版：罗家洋
责任印制：焦　洋

出版发行：中国画报出版社
地　　址：中国北京市海淀区车公庄西路 33 号　邮编：100048
发 行 部：010-88417360　010-68414683（传真）
总编室兼传真：010-88417359　版权部：010-88417359

开　　本：32 开（880mm×1230mm）
印　　张：6
字　　数：145 千字
版　　次：2022 年 10 月第 1 版　2022 年 10 月第 1 次印刷
印　　刷：万卷书坊印刷（天津）有限公司
书　　号：ISBN 978-7-5146-2139-6
定　　价：68.00 元

前　言

阿列克谢·马斯洛夫（Alexey Maslov）

2020年，中国的社会和经济状况发生了怎样的变化？在新冠肺炎这种流行病的打击下，社会和经济的稳定性如何？中美对抗的实质是什么？为什么在新冠肺炎疫情流行期间，中美之间的对抗会如此尖锐地升级？在这种大的背景下欧洲是如何表现的？在如此短暂的时间内，中国又是如何遏制了这一流行病的进一步扩散的？北京在发布病情防疫的信息方面透明度如何？

本书由一系列文章整合而成，是在全球新冠肺炎疫情大流行尚未完结的阶段面世的。因此，本书很难给出完整而一致的结论，其主要目的，是通过本书中探讨的问题，向世人展示，在如此复杂的国际大背景下，中国社会是如何发展的，中国为稳定自身经济采取了哪些措施。

目录

概要   1

第一章 开局：中国遭受新冠病毒的突然袭击   9

第二章 抗击疫情   39

第三章 新冠肺炎疫情：中国经济面临的挑战与对策   63

第四章 中国社会与新技术   119

第五章 攻击中国：原因、挑战和立场   145

第六章 再论中国   171

结束语   177

概要

2020年4月4日，3分钟长鸣的警笛声响彻北京上空，整个中国陷入沉寂。中国国家领导人集体肃立在中南海怀仁堂前默哀，全国各地人民同时静默哀悼。这不仅是对新型冠状病毒肺炎（COVID-19）流行病受害者的悼念，也象征性地表明抗击新冠病毒流行已经取得了初步的胜利，中国正在恢复正常的生活。几天前，在武汉工作的中国医生（象征意义地）在相机前摘下了防护口罩。2020年3月10日，国家主席习近平专赴武汉考察疫情防控工作。新冠肺炎最早在这座城市被发现，这里经历了中华人民共和国历史上最复杂的时期之一。

在几乎3个月的时间里，这里实施了非常严格的封闭隔离，各行各业的工作几乎全部被终止，这影响了数千万人。如此大范围的停工停产和大规模的隔离，在世界上尚无先例。中国迅速解决问题的经验——面对突如其来的流行病对经济采取紧急刹车，在全世界都是绝无仅有的。

主要问题在于，在这种情况下，没有任何经验可以参照。为了解决自身面临的社会和经济问题，中国采取了各种有力的措施，后来其他一些国家也试图采取同样的措施，但是完全照搬是不可能的，因为只有中国具有两个重要特征：

一是像使用"气垫"缓冲一样，让经济陷入"人为的休克"状态达数月之久，然后再恢复生机；二是有能力在尽可能短的时间内，动员国内其他地区的人力物力协同作战。因此，发挥作用的不是个别措施，而是制度本身的优势。

2020年4月8日，中国正式宣布，在将近11周的"封闭"后，武汉市全面重新开放。自从1月23日机场、公路、铁路全面封闭以来，重新开放的第一天，约有55000人乘火车离开了武汉市，有100多架次航班从这个城市起飞。

当天，在国家主席习近平的主持下，在北京举行了中共中央政治局常务委员会会议，分析抗击新冠病毒和恢复国家经济等问题。习近平指出，中国疫情防控阶段性成效进一步巩固，复工复产取得重要进展，经济社会运行秩序加快恢复。同时，国际疫情持续蔓延，世界经济下行风险加剧，不稳定不确定因素显著增多。要外防输入、内防反弹。但是，即使在这种情况下，中国也决定采用已经证明有效的传统做法：为了振兴经济，有必要通过积极刺激国内消费和加快投资项目的发展来增加需求和供给的整体动力。

所有这些都是在2020年2月底以来整个世界陷入新冠肺炎疫情大流行的背景下发生的。世界卫生组织于3月11日正式宣布了这一大流行。

根据中国的统计，截至2020年4月25日24时，武汉市累计50300多人感染新冠病毒。湖北省包括省会武汉市，累计68000多人感染患病，累计4512人死亡，是新冠肺炎流行时期全国感染首当其冲的省份。

各种疾病、病毒和自然灾害时不时地笼罩着人类。几乎每一次这样的浪潮都伴随着悲观情绪的增长。这种悲观的情绪预言"一切都将毁灭""以前创造的一切即将消亡"。在不同的时代,这些悲观情绪表现形式不同,但都是宣扬"世界末日"的到来。

就社会影响而言,新冠肺炎的大流行没有任何新的意义,只不过新冠肺炎流行本身是在新的条件下发生的。正是当今世界的信息透明度、全球化及政治、贸易、国家预算、交通运输、全球基础设施的广泛"联系"赋予了当前(实际上是微不足道的)新冠肺炎流行新的特征。人们对现实社会和经济生活中正在发生的事情的感知远不如在虚拟空间中更为强烈。似乎新冠肺炎不再是一种疾病,而是散布某种信息的绝佳理由。病毒在一些舆论中被赋予了独特的存活方式,有些人看着它,似乎沉浸在影院或互动于在线游戏中一样。他们可以更改游戏的规则,例如,发布谣言,将游戏难度提高到新的水平(以令人难以置信的杀伤力互相恐吓)。一方面,这很可怕,但另一方面,"这与我们无关",这是一部从外部观看的"恐怖电影"。但是,对于散布的某种谣言,人们不可能从头到尾控制它的存在。一时间,谣言制造者有可能脱离真实事件本身,而以所谓的"英雄"形象存在。

因此,第一个将当前危机状况与其他所有危机区分开来的因素是所有事件都发生在一个单一的地方,而且由于互联网的缘故,信息空间对所有人都是透明的。人们有机会在线了解病毒的传播。如果在第一阶段,即 2020 年 1 月至 2 月,人们是在观看灾难片,那么在第二阶段,即当 3 月份新冠肺炎疫情在世界各地暴发时,事实证明"灾难"无处不在,没有真正完全安全的地方。

第二个因素是"时间的加速"过程对社会的影响。不到半年的时间人类便陷入一场严重的经济危机。人们意识到无法以自身的协调能力来抵抗病毒。世界出现了许多新的裂痕和冲突。一些国际组织也束手无策。

疫情暴发后，中国是世界上第一个经济开始复苏的国家，以积极的经济增长取代了停滞不前。难以置信的是，到2022年，中国的经济增长率可能会超过2019年的增长率。

★★★

在2020年上半年，我和许多同事一样，为俄罗斯和外国参与者（包括那些不是研究中国问题的专家，但想了解在这个世界大国里正在发生着什么的参与者）举办了数十次在线讲座。作为世界上的大国之一，在这种流行病的打击下，中国经济将发生什么变化，其稳定性如何？中美对抗的实质是什么？为什么在新冠肺炎大流行期间中美之间的矛盾如此急剧地升级？欧洲在这种背景下是如何表现的？为什么中国在如此短暂的时间内能够做到有效地控制住疫情？北京在通报有关重大病情的信息方面的透明度如何？

本书对这些问题做出了解答。为了至少大致上回答这些问题，我不得不"回顾"并研究中国在2020年初面对突如其来的新冠病毒袭击时的状况。

这本书不是对中国抗击新冠肺炎疫情的斗争的时间排序，不是写中国经济重启的历史。

中国经济的"重启"是在新冠肺炎全球大流行背景下于2020年1月至2020年6月展开的许多故事的集合。这本书由一系列论文和个人文章组成，是在世界新冠肺炎大流行甚至还没有进入完成阶段的时候写成的，而中国已经对所有城市解除了隔离，商业和社会生活正在蓬勃发展。之后，在 5 月份，中国一些地区再次进行隔离，大家开始谈论"出现'第二波'疫情"的危险性。因此，在这些条件下很难给出完整而一致的结论。我们将讨论如何看待中国的发展变化，中国正在采取哪些措施来稳定自己的经济，以及这一切是在什么样的国际背景下发生的。

本书的主要任务就是向世人展示，中国是如何应对经济、社会和流行病的挑战的。为了解释这些问题，我们首先需要讨论一下中国在 2020 年之前所面临的周边安全环境、国内的经济再平衡问题，以及计划如何创造新的经济增长动力（第一章）。在此前提下，中国面对突如其来的挑战，迅速动员整个社会经济和行政体系，并建立世界上最严格的检疫制度，以确保人民的生命安全，并将国内的部分产业引入"人为休克"，以及应对新冠病毒的起源问题（第二章）。为了摆脱这种"经济休克"，中国采取了尽可能广泛的措施：从量化宽松政策到刺激消费市场，税收和信贷激励措施，进出口业务的迅速恢复，以及进一步推进"一带一路"倡议等（第三章）。即使在这种情况下，中国不是在寻求对现有经济进行"修修补补"，而是努力在新的有发展前景的领域进行投资，进一步刺激新的经济增长点。这些领域是人工智能技术、机器人技术和大型数据库管理。此外，正是由于前几年对各种在线技术的深入推广，中国才得以相对轻松地重新调整网络中的生活和业务流程，并在新冠肺炎流行的背景下继续积极实施其主权数字货币（第四章）。在新冠肺炎大流行期间，中国遭受了猛烈而非常复杂的攻击。这些攻击主要来自美国，中国的经济和政治成就以及国家的意识形态都受到了攻击（第五章）。本书还收录了自2020年以来发布的一些访谈。这些内容非常准确地反映了在如此短的时间内，有关中国的认识、评价和态度发生了哪些变化（第六章）。

2020年的新冠病毒大流行及其相关的一切，显然正在改变世界，改变着国际政治和经济关系，改变着人们的思想认识。它警示人们现代文明的脆弱性。现代人类文明创造了独特的科学技术，建立了许多组织，在它们之间建立了牢固的联系，但是对病毒及其后果仍然无能为力。大流行将过去，世界经济"下滑"也将渐趋稳定，但是在此之后国家、人民和经济体之间将发展成什么样的关系是很重要的。显然，世界和中国将会比以前有很大的改观。

本书的写作工作于2020年7月20日完成，反映了在此之前的情况。

阿列克谢·马斯洛夫

第一章

开局:中国遭受新冠病毒的突然袭击

中国缘何成为全球领导者?

中国在20世纪90年代与21世纪最初十年取得惊人成就的秘诀是什么?放眼历史,数千年来,中国是世界上最成功、文明延续性最强的国家之一,其劳动组织和经济结构使中国在生产力等方面远远超过了工业化前的欧洲[1]。19世纪中叶,发展模式的不当以及两次鸦片战争的失败掀起了西方列强瓜分中国的狂潮,前者纷纷划分势力范围,从而削弱了中国的实力。尽管20世纪30年代国民政府尝试了经济行政改革,但因中日战争全面爆发,国民党政府无暇顾及且无力完成改革,改革以失败而告终。

即便经历了政治混乱和经济危机,中国仍旧保留着非常先进的文化、科学及完备的人才培养体系。20世纪70年代末,中国开启了改革的历史进程。1992年,中共十四大把建立社会主义市场经济体制确立为经济体制改革的目标。一方面赋予了企业家一定层面的自由,另一方面实现了国家对金融、能源、冶金、工程等基础产业的管控。中国并未私有化,即使在蒙受损失的时候,政府仍旧支持国家工业部门,现今也是如此。

同时,中共领导人求真务实。在不放弃社会主义信念,不放弃中国特色社会主义思想，不改变政治体制的前提下，摒弃了不利于国家经济发展的旧教条。因而，中国开创了一种前所未有的经济模式。

尽管对欧洲、新加坡和日本的经济模式已进行过深入研究，但中国的改革并非完全以西方或东方的经济模式为导向。邓小平及其接班人吸收和借鉴了世界先进经验，采取"洋为中用"的方针。早在20世纪80年代，中国便为外商提供了前所未有的优惠政策和安全保障。他们在中国建立了大量服装、鞋、家电等出口制造合资企业。但中国政府对外扩大市场开放的同时要求他们引进最先进的技术，从而实现"以市场换技术"。

这一政策让中国在短短几年内成了"世界工厂"，并赚取了巨额利润，这些利润被投入科学、产业创新、低效产业改革与高速公路建设。这一切的发起者正是国家。国家打造了连接区域和技术园区的新路径，以发展青年创新项目。国家同时对高科技初创企业施以援手，不管其创办者是中国企业家还是合资企业中的外国企业家。最重要的是，这些项目都是在中国的领土上发展的，是造福于中国的。如今，在现代科技方面中国已经超越了世界大多数国家。

中国没有一股脑地发展所有经济部门，而是有选择地进行优先发展，并建立税收激励政策。如此，每当面临经济威胁时，国家都会减轻中小企业的税收负担。2019年初中美贸易摩擦时便是如此，为了支持国内市场，中国政府降低企业所得税税率，且针对大多中小企业免征企业所得税。为了刺激居民的消费需求，将个税起征点从3500元调升至5000元，同时降低增值税税率。

改革之初，中国就将出口所得应用于社会规划。2010年左右，中国首次先试点、后规范，逐步推行了城镇居民社会养老保险和新型农村社会养老保险制度（原养老保险制度于2006年进行了重大调整[2]）。

中国拥有当今世界规模最大的教育体系，并将其视为新一代技术创新实现的关键，其规模令人惊讶。比如，2018年6月，中国有975万学生参加了全国高考。近年来，教育投入占中国国内生产总值（GDP）的4%以上。1986年，《义务教育法》正式实施，明确规定了所有适龄儿童和少年必须接受九年义务教育。

中国高等教育也取得了巨大发展。毛入学率从1978年的1.55%提高至2019年的50%以上。虽然中国实行高等教育收费制度，但国家同时给予补贴，并提供奖学金资助，使大多数学生享受到了免费教育。根据QS2020世界大学排名，中国有12所高校进入世界百强[3]。

中国还将中青年发展纳入社会规划。例如，实施人才租房补贴政策。

中国政府鼓励竞争，严格干部选拔和轮换制度，因此各级领导干部中不乏才华横溢、训练有素之人。而新中国的亿万富翁们也不会以浮华扰乱社会。相比外国足球俱乐部，他们更愿意收购国外企业。老百姓尊重大企业的创建者，并不是因为他们事业上的成功，而是他们中大部分人慈善方面的付出。由中国共产党执政的中国并不打击"富人"，而是打击贪官。

中国的成功不在于中国领导人掌握"秘诀"、不犯错误，而在于他们响应号召的速度和纠正错误的意愿。尽管中国的管理模式看似"僵化""庞杂",但实际上,其制度具备较强的弹性与灵活性。

成功的"秘诀"

中国是世界上发展最好的经济体之一,不仅因为其GDP增长数值,也因为改革开放40年来GDP持续稳定增长。20世纪80年代改革开放初期,中国不得不摸索出一条"独立自主"的道路,因为不存在十几亿人口的大国摆脱贫困的经验。许多"发展良方"都是中国自己创造的。中国在保证改革方向和逻辑不变的情况下,根据国情变化而调整政策。可以说,中国经济成功发展的第一个"秘诀"是长期稳定向前进。

"秘诀"二:经济发展之初定位明确。不同于20世纪90年代的俄罗斯,中国并未尝试建立"另一个西方社会",也未从抽象的"普适价值"出发,机械地搬运他国的发展模式,更未将自身经济西化或"亚洲化"(如效仿日本或韩国),而是不惜借款发展自己的经济模式。早在19世纪,清政府在"自强求富"的洋务运动中就采取了这一办法,即"中学为体、西学为用"。也就是说,国家的经济核心没有改变,因而,与其说中国"融入"了世界经济体系,不如说中国创造了自己的经济以及如今的宏观区域政策。

"秘诀"三:循序渐进。中国战略的特色就是,循序渐进实施,不断分析结果,及时纠正错误。比如,20世纪80年代的经济改革是从局部到整体逐步推行的,首先在文化经济发展不同的地区进行改革开放试点,如广东省,并设立了第一批经济特区,实行适度的财政分权,此外,在20世纪90年代中国实行了税收激励政策(而非限制性税收政策),缓和了国内市场。外商从准入清单(即"鼓励外商投资的优先领域")得知资金投向。当今在需要发展的地区建立新经济特区和自由贸易区,中国企业家们也纷纷涌向这些地区以把握物流机遇。需要指出的是,中国从未推行"休克疗法"。老百姓的钱袋子守住了,心态也没受打击,更不会对国家失去信心。

"秘诀"四:中国坚持走社会主义道路。改革开放以来,中国历代领导人都致力于建设小康社会,即"平等、富裕、繁荣"的社会,实现了社会主义思想与中国经济发展新时代的融合。

小康社会的实现需要现实数据来证明。在中国,脱贫攻坚工作具有深厚的理论基础,"小康"不是指简单地提高居民收入,或达到某种特定的水平。

比较一下1991年和2018年的数据(在此,我们特意未选择较为"落后"的20世纪80年代作为参考),中国人均国民总收入从约350美元上升到大约9500美元。改革开放以来,中国已使7亿多人脱贫,占同期全球减贫人口总数的70%以上。从2012年末到2018年末,全国农村贫困人口累计减少了8239万人,同期贫困发生率从10.2%下降至1.7%。

2019年中国贫困地区农村居民人均可支配收入为11567元,比上年名义增长11.5%。这些收入大部分来自农业、租金和政府补贴。同时,官方数据显示,2019年贫困地区农村居民人均工资性收入4082元,比上年增长12.5%。全国农村居民人均可支配收入达到 16021 元,比上年名义增长 9.6%,其中人均工资性收入 6583 元,占比略高于总收入的 40%[4]。

"秘诀"五:坚持人才优先发展战略,促进国家政治、经济、金融领域高素质人才培养。中国人心中有国,无论走到哪里,都能将个人成长与国家发展相联系。中国的教育体制是为未来国家经济发展提供人才的。单就 2018 年而言,中国出国留学人员达 66.21 万人,同比增长 8.83%,中国已成为全球最大的留学生生源国[5]。

中国不仅鼓励出国留学,还建立了留学人员回国机制,为"海龟",即归国的移民和专家成立专门的协会。政府还出台了很多激励措施,如具有高标准的"万人计划"。习近平总书记亲自鼓励海外学子积极回国,希望广大留学人员"继承和发扬留学报国的光荣传统",将来为中国的创新发展做贡献[6]。

"秘诀"六:中国有明确的追求,即官方所说的"中国梦"。中国消耗了大量资金,迅速壮大。同时,为了最大程度上提高国际参与度,中国提出"一带一路"倡议,这一点也极大地震撼了众多国家。这赋予了一个拥有 14 亿人口的国家新的发展内涵,它提出中国为什么而发展,怎样发展,并且每个人都可以在此格局中找到属于自己的位置。

中国国家领导人习近平的主要功绩之一在于,他不仅仅给了中国新的希望,同时还赋予了它梦想——更准确地说,明确提出了大量的思想理念,其至今应用于中国社会。

2012 年 11 月 29 日,习近平在参观"复兴之路"展览时,第一次提出了"中国梦"的概念。2017 年,在中国共产党第十九次全国代表大会总结报告中,"中国梦"被提及了 13 次。

"中国梦"存在于众多表达中，如"实现中华民族伟大复兴是近代以来中华民族最伟大的梦想""在新时代中国特色社会主义的伟大实践中，以党的坚强领导和顽强奋斗，激励全体中华儿女不断奋进，凝聚起同心共筑中国梦的磅礴力量""中国人民的梦想同各国人民的梦想息息相通，实现中国梦离不开和平的国际环境和稳定的国际秩序[7]"。正如我们所见，无论如何，这都与"中华民族伟大复兴"、与其他民族的和平发展紧密相连，也就是说，中国梦既有对内维度，也有对外维度。

总体来说，中国的成功不在于其唯一的、独特的发展方案，而在于它几十年来发展出了一套带有些许变化的制度。其本质不在于中国不犯错，而在于中国能迅速地承认并改正错误。

2005 年，中国国务院发布《国家中长期科学和技术发展规划纲要（2006—2020）》[8]，《纲要》规划至 2020 年，其目标中提出：进入创新型国家行列，为在本世纪中叶成为世界科技强国奠定基础。2017 年 7 月 27 日，中国国务院发布《关于强化实施创新驱动发展战略进一步推进大众创业万众创新深入发展的意见》。

2020 年初中国面临的主要挑战

在中国的整个体系处于各类经济社会压力影响下时，新冠疫情突袭中国。但任何压力都不会造成整个系统的崩溃，其中大部分是可预见并且可规划的，例如 GDP 增速放缓、克服"中等收入国家陷阱"、老龄化等。然而，各类压力加之新冠疫情的暴发，是对中国整个发展的严峻考验。而美国对中国经济，尤其是中国形象的打击，更加大了中国社会政治制度与经济制度的压力。

第一类压力源于经济方面。传统经济增长动力衰退，必须转向新的经济增长模式。2013—2014年，中国开始积极变革经济模式，从大规模的廉价出口生产国转向高科技强国，力争创新领域的领先地位。传统的增长动力要么部分衰退，要么完全丧失。其主要原因在于：生产成本的增加以及"廉价中国制造"的终结，造成了出口导向型经济的竞争力减弱。

中国已经成为最活跃的外国商品和服务市场。2018年11月起，中国降低了部分商品的最惠国税率，涉及1585个税目，其中包括纺织品、机械工程产品和纸制品。中华人民共和国国务院决定，机电设备平均税率由12.2%降至8.8%，纺织品和建筑材料等平均税率从11.5%降低到8.4%，纸制品等部分资源性产品平均税率由6.6%降低到5.4%。这是中国降低进口关税的第三阶段，在此之前，中国降低了某些水果和蔬菜以及其他农产品的进口关税。早在2017年12月，将近200种商品的平均税率从17.3%下调至7.7%，其中包括化妆品、电气设备、矿泉水和牙膏，而某些类型的商品则免除进口关税，例如部分配方婴幼儿奶粉和婴儿尿布。

由于贷款增加明显并且不再主要针对中小型生产商，主要由大型国有企业划拨给重大项目的贷款已不再刺激增长。相反，私营企业必须支付贷款利息，这加重了私营企业的负担。同时，一些国有企业陷入债务困境。

与经济因素相关的消极驱动因素还有社会经济因素。由于实行社会保障，缴纳各种保险，对企业实行30%的强制性医疗扣款，过去曾经相对廉价的劳动力不再廉价。加上工资稳定增长，就劳动力价格而言，中国已经成为亚洲最"昂贵"的国家之一。这导致了中国产品的生产成本急剧上升。中国已不再是生产成本最便宜的国家。

近年来，中国工资增长超过了劳动生产率的增长，而中国也面临着一个公认的悖论：居民收入增加，GDP增速放缓。这就与克服"中等收入国家陷阱"的期望相矛盾。因此，中国政府面临着一个艰难的选择：为了与生产成本较低的国家（越南、印度、印度尼西亚）竞争，必须限制生产成本的增加，从而减慢人均收入增长，但这却会陷入"中等收入"的陷阱。陷入"中等收入国家陷阱"的国家包括泰国、墨西哥、印度尼西亚、印度、斯里兰卡。为此，中国必须向高质量的全新水平迈进，就像日本、韩国那样，既要保持获利能力，又要与美国、欧盟、日本等另一类国家竞争。中国选择了第二条道路，开始从大规模出口导向的生产模式过渡到高新技术发展模式。这就需要不同素养和技能的劳动力，自然也就需要更高的教育水平。所有的这些都需要额外的预算，而中国则期望能在5~7年内得到回报。

至此，还应当补充一个新挑战：人口快速老龄化，即中国的人口老龄化速度比大多数国家都要快。而由于养老金制度较新，缺乏养老储蓄基金，国家将承担几乎所有的养老费用负担。

中国正在发生的人口转变带来了严重的社会与经济问题。实行了30多年的"一个家庭一个孩子"计划生育制度带来的影响，以及健康状况的改善，有助于延长人口寿命。而城市化的不断加快（已达60%）导致许多家庭不再希望多生1~2个孩子，这使得中国的生育率不断下降。这样一来，中国将面临两项挑战：人口老龄化和生育率下降。尽管在2013年中国放宽了独生子女政策，但中国的生育率仍然低于人口再生产水平（维持人口数所需的出生人数）。到2018年，生育率每位妇女仅有1.7个孩子[10]，而为了维持人口规模，生育率应约为每位妇女2.1个孩子。与此同时，由于农村地区获得了更好的医疗服务，中国的人均预期寿命从1960年的43岁提高至2018年的77岁。同期婴儿死亡率也大大降低[11]。

可以预见，中国人口总数将于2025年前后达到最高点，约14亿，之后便会稳步下降[12]。退休人数的增多和纳税人数的减少极大地加重了财政预算的负担。

还有一个问题。中国共计有近3亿的慢性病患者。这意味着老年人和慢性病患者在医疗服务和治疗方面的费用将大大增加。

其结果，由于人口老龄化和慢性病患者人数的增长，中国正面临着劳动力短缺的问题。

此外，驱动力逐渐下降。从前，外资和国外先进技术持续近40年稳定注入中国。如今这种情况出现了转变，在东南亚地区出现了不少的竞争者，虽然其中没有一个国家或地区可以和中国抗衡，但是它们加在一起后，无疑会带走不少生产项目和投资。

总而言之，这些问题导致了中国GDP增速的减缓，影响了某些工业领域的发展。2018年，全国范围内GDP增长了6.6%，表面上达到了政府预定的"6.5%左右的增长"的目标。然而，2019年的增长率降到了6.1%，"新常态"出现了，中国已不再单纯追求GDP形式上的增长。

应该承认,对于中国而言,GDP 增长已不再是评估经济效益最重要的指标。在发展模式转变的情况下,产品本身的质量和先进的技术开始发挥更大的作用了。在区域和世界需求增长的背景下,以下领域可能会成为关键:医药、新材料、教育、汽车制造、人工智能以及它们的相关技术。

中国为尽快减轻这些压力,采取了以下举措,比如:开放新的经济特区,为引入的外资提供法律和社会保障,甚至在诸如上海这样的"昂贵"城市中也设立了有吸引力的投资条件[13]。

外商投资准入负面清单正在缩减。这样的清单有两种,一种名为《外商投资准入负面清单》[14],另一种名为《自由贸易试验区外商投资准入负面清单》[15],并且它们会定期更新。比如说,与 2019 年相比,2020 年版(2020 年 7 月 23 日生效)的《外商投资准入负面清单》由 40 条减至 33 条,减少比例为 17.5%;《自由

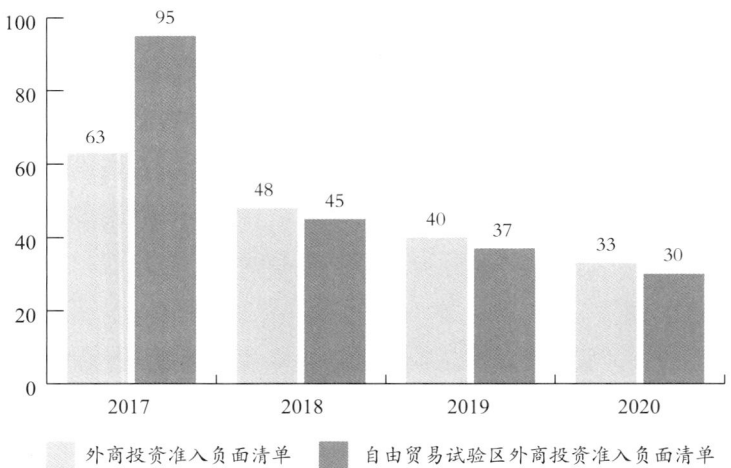

外资限制措施逐年减少(2017—2020 年)

贸易试验区外商投资准入负面清单》由37条减至30条，减少比例为18.9%。

比如说，在金融领域中，取消了证券公司、证券投资基金管理公司、期货公司、寿险公司的外资入股比例限制。在交通领域中，取消了禁止外商投资空中交通的管制规定。在基础设施领域中，取消50万人口以上城市供排水管网的建设、经营须由中方控股的规定。在制药领域中，取消禁止外商投资中药的规定。在教育领域中，允许外商独资设立职业教育机构。总体而言，这些措施毫无疑问会减轻外资企业在中国市场的压力，但这并不意味着它们与中国公司激烈竞争的相关问题得以解决。外商投资能否恢复强劲势头仍不明朗。

第二类压力源于社会政治方面，主要与"乱港事件"相关。事件发生在2019年。2020年5月，"乱港"势力重新抬头。这加速了《中华人民共和国香港特别行政区维护国家安全法》的通过。根据该法，驻香港特别行政区维护国家安全公署在"出现国家安全面临重大现实威胁"的情况下，可以对该法规定的危害国家安全犯罪案件行使管辖权。

第三类压力源于政治意识形态方面。这主要是因为美国对中国开始了系统化的攻击，创建了"包围圈"。这种攻击涉及众多方面，其中就包括对制度的指控。另一方面是对中国最重要的"一带一路"倡议及其关键组成部分"丝绸之路经济带"的攻击。

第四类压力和第三类密切相关，是美国对中国科技和进出口方面的攻击。包括"打压"中国技术，攻击像华为这样的巨头；指控中国实施网络间谍活动；拒绝向中国提供先进技术和微芯片；拒绝购买中国设备。考虑到中国暂时非常依赖国外产品，从理论上讲，这很可能会极大地妨碍中国战略的实现。

此外，美国对中国进出口业务也进行了攻击。

GDP 增速急剧减缓：危机前夕还是"新常态"？

2019 年中国经济仅增长了 6.1%，是过去 29 年里的最低值[16]。事实上，中国已经完成了规定的任务：将经济增长率保持在 6% 至 6.5% 之间。对于某些国家来说，6.1% 都是无法达到的。然而在中国以两位数的速度增长（2005—2007 年、2010 年）之后，对于外部观察者来说，这似乎是"中国经济奇迹"终结的前兆。这样的认知让人们以为，任何严重的社会或经济问题都会直接推翻中国经济，进而影响整个世界的贸易和生产。结果是，疫情暴发的初期报道、部分或全面的生产停工让世界开始大谈"中国崩溃论"。放眼未来，可以说，这些论断在很大程度上只是基于西方观点对中国经济发展的简单分析，根本没有考虑到中国经济的实际构建和管理模式。中国有自身的"特色"，坚持宏观调控，鼓励中小企业自由竞争。

GDP 增速的稳步减缓震惊了大多数的国外观察者。

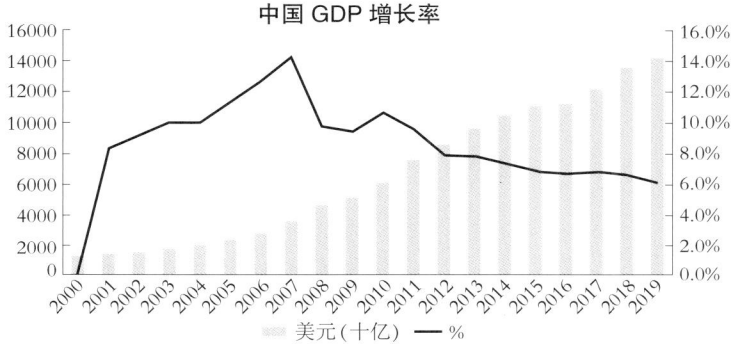

来源：中国国家统计局

1991 年以来，中国 GDP 绝对值持续增长（除了 2016 年有所下降外），但是自 2011 年起，增长速度不断减缓。2018 年年中以来，中国被迫与美国开始了贸易摩擦。按照两国第一阶段的经贸协议，中国将在未来两年内购买总计 2000 亿美元的美国商品。

确实，中国经济增长在减速，但不同时期、不同产业的速度并不相同，一切取决于区域本身。这是相当"有计划"的减速。2019 年上半年数据显示，中国 GDP 增长了 6.3%（2018 年增长 6.6%）。季度性的增长率同样也体现了这种计划性。

2019 年，中国明显出现了区域经济发展不平衡的现象。沿海地区和南部地区经济增长（至少没有下降），北部工业地区经济滞缓。东北老工业区的衰落是由于其技术落后于其他区域。当然，也有经济增速下跌特别严重的地区。例如，直辖市重庆的经济在 2010 年增长 17.1%，却在 2018 年增长 6%。

一些省份经济增速主要得益于出口的拉动。例如，2019 年上半年,云南省出口贸易蓬勃发展,增长了21.4%。另一些地区的增速是由于基础设施投资的扩大,这是中国区域经济增长的传统模式。例如,2019年上半年,贵州固定资产的投资同比增长12.3%,增速高于全国水平(5.8%)6.5百分点。湖北固定资产投资增长了10.8%,部分也是由于基础设施投资增长了16.9%[17]。

官方数据显示,2019年4个季度中,中国经济增速在平稳地减缓。增长率第一季度为6.4%,第二季度为6.2%,第三、四季度均为6%,全年平均增长率为6.1%。

来源:中国国家统计局

这样看来,中国经济的增速在新冠肺炎疫情暴发前就已经减缓了。

从1978年到2013年的35年间,中国经济的年均增长率约为10%,而从2003年到2007年,年均增长率超过了11.5%。其间,数亿中国人民的生活发生了翻天覆地的变化,他们摆脱了极端贫困。然而,"美好的往昔"不会一直持续。经济增速在2016年降至6.7%，2018年降至6.6%，2019年降至6.1%。中国领导人开始探讨经济发展的"新常态"，不会再有GDP爆炸性的增长，经济增长模式应该实现由投资驱动转为创新驱动。

临近2014年，有关部门就指出，中国经济呈现出"新常态"，应当在提质的同时降速。大约从2013年、2014年开始，普通商品生产被高科技产品所替代，虽然更为昂贵，但其未来发展更有前景。这样的"转向"需要时间，最重要的是需要高素质的劳动力，即中国在近10年间培养出来的专业人才。但不管怎样，过渡期往往会伴随着增长的减缓和经济失衡。

因此，早在2014年，习近平主席在北京举行的亚太经合组织工商领导人峰会上就表明，中国经济呈现出新常态。首先，他认为中国的经济发展已经从以前的高速增长转向了中高速增长。第二，中国的经济结构不断优化升级。第三，中国的经济发展越来越依赖创新，而不是要素和投资。因此，中国宣布从要素、投资驱动型经济向创新型经济转变[18]。但是，这一过渡本身可能需要很长的时间，如果发生这种转变，中国将进入包括美国和欧洲在内的世界领先国家的垄断活动领域。中国将不再是它们的产品供应伙伴，而是高科技发展的直接竞争者。

事实上，这就是人们不应等待国内生产总值数据出现新的"猛增"的原因，因为粗放的模式已经结束，中国不能也不应该成为一个只为世界生产大量制成品的全球工厂，或被迫从国外购买食品、能源和技术。这是一个经济转型国家的道路，在这种情况下，国家若完全依赖出口等外部因素，为了使产品具有竞争力，就会不断"压低"价格，同更为"便宜"的东南亚、南亚和拉丁美洲国家进行竞争。事实证明，到2010年，中国不是与技术领先和经济发达的国家竞争,而是与在这些领域明显较弱的国家竞争。同时,这些国家能够以同样的服务和商品,但更低的价格与中国抗衡。与此同时,中国作为一个"世界工厂"的存在,为包括美国在内的许多人所接受,尽管贸易失衡有利于中国,但这至少没有威胁到美国的科技领先地位。

然而,到目前为止中国还不能完全转向"创新经济"。

对外贸易成为推动2019年GDP增长的领头羊。尽管中美贸易陷入僵局,但净出口对中国GDP增长的贡献仍是12年来最大的。正因为需求年增长率下降,国内需求萎缩导致进口量下降,同时,减少对美国技术的依赖并刺激国内购买中国商品的措施也减少了进口。人民币贬值和价格下跌促进了出口量的上升,因此,所有这些的累积效应体现为净出口对国内生产总值的贡献增加。

与美国的交易改变了贸易趋势:美国的高采购指标也将有助于增加中国的进口需求。总的效果是减少净出口对国内生产总值增长的贡献。

虽然中国国内市场的竞争力明显增强,外国公司已不再像过去那样能轻易地获得高利润,但中国市场仍极具吸引力,因为在此有出色的物流服务,有世界上最好的商业基础设施,最重要的是,具有在短时间内生产任何东西的能力。但许多外国公司需要廉价贷款才能继续在中国市场上发挥作用,外国投资者也要求中国政府为商业贷款提供便利,许多人希望中国推出一个类似于2015—2016年的新刺激周期。

通货紧缩的风险也在增加。生产者价格指数——生产商在中国出售产品(不包括进口品)的综合价格指数——的降低也意味着 GDP 增长率的下降。

克服陷入"中等收入国家"陷阱

到 2010 年，中国的生产成本显著提高，这就提出了出口产品竞争力的问题。中国生产成本的上涨有几个明显的原因。首先是对提升薪水要求的满足（包括各种形式的薪酬），结果是中国正在逐步增加支付的薪酬。

中国的中产阶级正在加速形成。这不仅对不同水平的消费和需求构成了挑战，而且还导致了一种被称为"中等收入国家陷阱"的现象。2007 年，世界银行的专家们积极推广这一术语。值得注意的是，并不是所有的研究人员和专家都同意这样的观点，即这种"陷阱"本身是一种现象，会出现在发展至一定程度的社会中。总的来说，这一"中等收入陷阱"表明，在人均国民总收入高于一定水平时，发展中国家的增长可能趋于停滞。原因在于，工资上涨增加了生产成本。因此，那些国家可能会"陷入两难"。这是因为他们被迫与进入世界市场的其他国家和"新兴经济体"竞争。与发达经济体相比，这些国家的劳动力成本仍然很低，而发达经济体的收入已经很高，强有力的创新在不断增加他们的收入。例如，在 2010 年前后，包括越南、印度尼西亚、马来西亚在内的许多中国邻国以及巴西、阿根廷、墨西哥开始生产质量与中国相当但成本更低的产品。

事实上，在这种情况下，问题并不是竞争本身。明显但实行起来困难的出路是，遏制中国产品价格的上涨，因此有必要通过降低生产成本来"降低"价格。工资增长趋势与2001年加入世贸组织以来刺激中国经济增长的经济模式背道而驰。中国通过引进外国技术、在国内建立更多工厂和向世界其他地区出口大量商品，推动了国内生产总值的年增长。然而，这种模式如今可能行不通。例如，在中国还没有进入先进产业之前东南亚和撒哈拉以南非洲国家可以更快地积累自己的制造业竞争优势。换句话说，中国面临即将到来的"中等收入陷阱"的威胁，在这个陷阱中，中国既不能主导制造业出口，也不能在服务业或技术创新产业中保竞争优势。

中国人的工资正在上升，劳动力正在减少，这使得中国工厂很难以低成本维持以前的生产水平。中国经济的一系列新趋势刺激了西方企业，促使他们积极寻求替代方法，并将部分生产线或业务迁往他处，尤其是东南亚国家——事实证明，这有利于降低间接成本。中国潜在的宏观经济趋势是工资和生产成本的上升，熟练劳动力的减少，这些刺激了外国公司将其生产线从中国转移到其他国家。

2018年4月世界银行前首席经济学家林毅夫说，中国到2025年很有可能进入高收入国家行列。有些专家预计中国不迟于2027年能达到这一水平。还有一些人的观点比较保守，他们认为结构性障碍会阻碍中国的经济增长。

中国不能停留在旧模式下，因为目前在价格和产品方面，中国难以与东南亚国家和印度继续竞争。而在技术方面，中国也难以与美国、日本、韩国和欧盟国家竞争。因此，2010年后的主要趋势是中国向生产成本更高、质量更高、技术含量更高的经济体转变。

事实证明,这是另一个让美国政策制定者警觉的因素,因为中国成了美国在高科技生产方面的直接竞争对手,例如,华为、OPPO等电子产品在西方市场越来越受到欢迎。美国政府已开始采取措施,减轻中国电子产品对美国经济的潜在影响,以防更进一步的竞争。

因此,中国面临一个两难境地:是继续"压低"生产成本,在限制工资增长的同时提高出口竞争力;还是进入另一个"重要领域",创造高科技和生产昂贵的产品。

中国为了实现"小康"社会的目标,实际上就是在设法避免"中等国家收入陷阱",但这反过来不仅要求经济稳定增长,而且要求劳动力技能显著提高。对于一个拥有14亿人口的国家来说,这点是很难做到的。在中国目前的经济轨道上,改革战略没有重大变化的情况下,加上投资减少,全球贸易可能会发生的下滑,中国似乎有可能在未来10年内保持在中等收入区域。

随着经济竞争速度的提升和强度的增加,中国建立完全独立于美国技术链的能力也得到了加强。在美国将华为及其68家子公司列入实施限制性"制裁"的"实体名单"之后,中国在技术上脱离美国的努力只会有所加强。

总的来说,向高收入国家靠拢意味着触碰美国的另一条"高压线",因为这让中国与美国和其他发达经济体展开了更为直接的经济竞争,后者正在对中国提出一系列经济主张。中国企业将与美国企业争夺同样先进的制造业和服务业的市场份额。

但无论怎样,中国领导人因为担心中国陷入"中等收入陷阱"，还是打算把中国推向供应链的上游，在这个陷阱中，新兴市场经济体在制造业出口中失去竞争力，没有机会进入世界经济的高附加值领域。如果中国在这条道路上取得成功，中国作为"世界工厂"的时代将成为过去，这就是中国与美国直接进行经济竞争的原因。

新一轮的经济刺激计划

2018年，中国开始了新一轮经济刺激计划，这在与美国相对抗的背景下显得尤为突出。这项政策的基础在于最大限度地提升商业活动的积极性并推动新兴民营企业的建立，包括高新技术企业。政府鼓励银行为中小型企业提供贷款，同时发行不限期限的国家债券。

在中国，自由贸易区模式发展十分良好，到2019年，自贸区的数量已增加到18个。在地区发展停滞时期，或者在转型期间（比如，从纺织工业转型到高新技术生产），有必要迅速建立起特殊区域，并在此享受部分或完全的税务减免、低利率的贷款、国家扶植创业和刺激商品出口的政策帮扶。而在区域间贸易中免除增值税可以加快国内市场的增长。

刺激消费被认为是走出经济衰退的方法之一，在2018年，消费占国内生产总值增长的76%左右。此外，从2011年起，服务业的增长数值超过了国内总产值的总体增长。消费降级对经济的影响可能远远大于投资或净出口。

增值税改革是至关重要的，为了确保改革的实施，2016年8月1日，国家税务总局启动了一个专项试点方案[19]。试点方案的目的是简化相关纳税人使用增值税专用发票的程序。起初，这项方案允许全国91个城市月销售额超过3万元或季销售额超过9万元的住宿业增值税小规模纳税人自行开具增值税专用发票。随后，试点方案几次扩大范围，为了涵盖更广泛的领域，将更多的行业包括在内，提出了更低的门槛要求。2016年11月，试点方案已推进到全国的住宿行业；2017年3月，认证和咨询行业被纳入试点规划；2017年6月，建筑行业被纳入；2018年2月，试点方案已扩大到工业以及信息传输、软件与信息技术服务业；2019年，试点方案范围再次扩大，涵盖了租赁和商务服务业，科学研究和技术服务业，居民服务、修理以及其他服务业。此外，还取消了对小规模纳税人明确的收入水平的要求[20]。

实际上，该方案确实为数百万小规模企业家提供了便利，他们需要向其客户出具增值税专用发票（在此之前，他们像任何大型企业一样出具普通发票）。

此外，从2019年1月开始，月销售额不超过10万元的小规模纳税人免缴增值税。对于小型微利企业年应纳税所得额不超过100万元的部分，减按25%计入应纳税所得额，按20%的税率缴纳企业所得税。对于小型微利企业年应纳税所得额超过100万元但不超过300万元的部分，按50%计入应纳税所得额，按20%的税率缴纳企业所得税。总的来说，大部分小型微利企业是免税的，而一部分小型微利企业税收则减少了一半多[21]。

这些举措惠及了中国绝大多数的中小型企业，这些企业符合以下 3 个条件：年度应纳税所得额不超过 300 万元；职工人数不超过 300 人；资产总额不超过 5000 万元。

2020 年这些措施得到进一步实施。2020 年 3 月 1 日至 5 月 31 日，对于遭受了新冠疫情，此前适用 3% 征收率的湖北省纳税人，免征增值税；湖北省以外的其他地区，此前适用 3% 征收率的，税率降至 1%。2020 年 5 月 7 日，中国财政部和税务总局宣布将上述对于小规模纳税人的增值税优惠政策延长至 2020 年 12 月 31 日[22]。

从长远来看，采取行政措施鼓励银行以低于市场出清水平的利率向中小型企业提供大数额贷款，显然不是最佳的放贷方式，但是，在短期内，这一举措创造了新刺激因素。早在 2018 年末金融机构人民币各项贷款余额同比增长 13.5%，这也意味着减少了在中国非常流行的"影子银行"，并将资产转移到对国家来说透明合法的资金流通渠道[23]。

2010 年末的"走出去"战略

2008 年以来中国最重要的战略是积极地"走出去"、产业劳动力流动与资本转移。这个想法简单而优雅：如果中国的商品生产和服务成本在不断上涨，那么这些商品在价格上就失去了竞争力，因此重新建构战略意义重大。在中国，平均工资的上涨、养老金制度的实行、社会保障缴费的增加、大型国家基础设施项目的建立几乎提高了所有产品的生产成本，因此，中国首先以投资形式积极向国外输出资产，收购最有前景的企业，其次，提高自身在国际银行资产中的影响力。

2015年，中国的对外直接投资（ODI）首次超过了外国直接投资（FDI）。但是，由于中国香港和加勒比海避税地等境外的中介机构的存在，对外直接投资的数据严重扭曲，2013年，这些中介机构约占中国对外直接投资流量和存量总量的70%。正是那时，欧洲作为中国投资的接受国排在第二位，而亚洲国家则排在第一位。据专家估计，往后亚洲在中国对外直接投资中的份额将从70%下降至50%。而欧洲会从相对温和的对外直接投资接受国转变为重要的合作伙伴[24]。

大部分投资来自"一带一路"倡议，并在2016年达到了峰值，当时的非金融类对外直接投资同比增长44.1%，达到了1701.1亿美元。据商务部的数据，中国企业在164个国家和地区投资了7961家外资企业。2016年，对"一带一路"沿线国家的投资总额达145.3亿美元[25]。

随后出现了迅速的滑坡：中国的非金融类对外直接投资从高位暴跌，2017年下跌了29.4%。2017年，中国的投资者为174个国家和地区的6236家企业花费了总计1200亿美元[26]。随后2018年微弱增长——非金融类的对外直接投资同比增长0.3%，总额达到1205亿美元，中国全行业对外直接投资同比仍增长了4.2%，达到了1298.3亿美元[27]。

之后，中国的非金融类对外直接投资在2019年又一次下跌，下降了8.2%，至1106亿美元。2019年，中国全行业对外直接投资下降6%，至8079.5亿元。同时，中国利用外资持续增长，同比2018年增长5.8%，达到9415亿元[28]。

由此可见，尽管谈到了外来投资增长率有"落差"，但外国对中国的投资依然持续增加，因为中国大大提高了其市场对外国投资者的吸引力，特别是大幅减少了外国人禁止投资领域的数量。

自 2017 年以来，中国开始削减"非理性投资"，同时改变其投资领域。因此，商务部的数据显示，投资主要针对租赁与商务服务业、制造业、零售与批发贸易以及采矿业。与此同时，对房地产、体育、娱乐等新项目的投资几乎完全消失了，这些被认为是"非理性的投资"。因此，中国开始以另一方式优先制定投资战略：进入具有战略意义的重要领域，以便进一步掌控世界经济全领域。近年来，中国非金融类对外直接投资的缩减是在进一步加紧对海外资本流动的控制之后出现的。

从地区的角度来看，变化则更加显著。2018 年，中国对北美和欧洲的对外直接投资（ODI）下降了 73%，对两大洲对外直接投资的总额仅为 300 亿美元，而上一年是 1110 亿美元。对"一带一路"沿线的 56 个国家的非金融类对外直接投资有所增加，增加了 8.9%。

自 2001 年中国加入世界贸易组织以来，中国的对外投资开始增加，这大大加快了中国的经济增长并增加了可用于进一步投资的资金数额。

2000—2016 年，中国政府放宽了对海外投资的规定，并简化了对外直接投资注册和审批项目的手续。2017 年，对外直接投资大幅度下降主要是由于严格的资本管控和中国经济增长放缓。政府试图通过有效减少 ODI 的流出，特别是房地产、体育和娱乐业领域，来遏制"非理性"资本的外流。自 2016 年底以来，对其真实性验证变得更加严格，这给任何有关合并和收购的谈判增加了相当大的不确定性，因为直到最后一刻也不明确是否所有文件都可以通过验证。

为了减缓私人资本从中国的外流，自2018年开始，无论个人拥有多少独立的银行账户，个人持境内银行卡在境外提取现金，本人名下银行卡（含附属卡）合计每个自然年度不得超过等值10万元人民币。作为二级管制，政府已实施支出管理措施。每次跨境付款前，投资者必须获得中国多个政府部门的许可，才能跨境转账以支付交易费用。

注释

1. 肯尼斯·波美兰兹：《大分流：中国、欧洲以及现代形成》，普林斯顿大学出版社，2001年。

2. 2017养老金概览：中国，https://www.oecd.org/els/public-pensions/PAG2017-country-profile-China.pdf，访问日期：2020年3月1日。

3. QS2020世界大学排名，https://www.topuniversities.com/university-rankings/world-university-rankings/2020，访问日期：2020年6月3日。

4. 凌·西德尼，新冠疫情：中国大量外来务工人员遭受经济停顿冲击，2020年3月6日，https://www.scmp.com/economy/china-economy/article/3065239/coronavirus-chinas-huge-migrant-worker-population-bearing，访问日期：2020年5月12日。

5. Number of students from China going abroad for study from 2009 to 2019，https://www.statista.com/statistics/227240/number-of-chinese-students-that-study-abroad，访问日期：2020年5月11日。

6. 使留学人员回国有用武之地 留在国外有报国之门，新华社，2013年10月21日，http://news.xinhuanet.com/politics/2013-10/21/c_117808372.htm，访问日期：2020年3月20日。

7. 学习路上，http://cpc.people.com.cn/xuexi/n1/2017/1129/c385474-

29673705.html,访问日期:2020年2月13日。

8.《国家中长期科学和技术发展规划纲要》(2006—2020),https://www.itu.int/en/ITU-D/Cybersecurity/Documents/National_Strategies_Repository/China_2006.pdf,访问日期:2020年3月11日。

9.《国务院关于强化实施创新驱动发展战略进一步推进大众创业万众创新深入发展的意见》,2017年7月27日,http://www.gov.cn/zhengce/content/2017-07/27/content_5213735.htm,访问日期:2020年5月16日。

10. 总生育率(每位妇女),https://data.worldbank.org/indicator/SP.DYN.TFRT.IN,访问日期:2020年6月8日。

11. 新生儿平均寿命,https://data.worldbank.org/indicator/SP.DYN.LE00.IN,访问日期:2020年6月8日。

12. 县城中的中国老龄化危机缩影,2015年1月14日,https://www.npr.org/sections/parallels/2015/01/14/377190697/one-county-provides-preview-of-chinas-looming-aging-crisis?t=1590432734029,访问日期:2020年6月9日。

13. 上海市人民政府关于本市进一步促进外商投资的若干意见,http://www.shanghai.gov.cn/nw2/nw2314/nw2319/nw12344/u26aw62669.html,访问日期:2020年5月9日。

14. 外商投资准入特别管理措施(负面清单)2020年版,https://www.ndrc.gov.cn/xxgk/zcfb/fzggwl/202006/P020200624549035288187.pdf,访问日期:2020年6月25日。

15. 自由贸易试验区外商投资准入特别管理措施(负面清单)(2020年版),https://www.ndrc.gov.cn/xxgk/zcfb/fzggwl/202006/P020200624549079806436.pdf,访问日期:2020年6月25日。

16. 2019年国民经济总体稳定,实现主要发展目标,http://www.stats.gov.cn/english/PressRelease/202001/t20200117_1723398.html,访问日期:2020年6月14日。

17. 统计数据来源:www.gov.cn。

18. 经济新常态,2017年10月5日,https://www.chinadaily.com.cn/china/19thcpcnationalcongress/2017-10/05/content_32869258.htm,访问日期:2020年5月11日。

19. 关于部分地区开展住宿业增值税小规模纳税人自开增值税专用发票试点工作有关事项的公告，2016 年 7 月 6 日，http://www.chinatax.gov.cn/chinatax/n810341/n810765/n1990035/201607/c2304434/content.html，访问日期：2020 年 5 月 16 日。

20. 关于实施第二批便民办税缴费新举措的通知，2019 年 8 月 13 日，http://www.chinatax.gov.cn/chinatax/n810341/n810755/c5136071/content.htm，访问日期：2020 年 3 月 11 日。

21. 财政部 税务总局关于实施小微企业普惠性税收减免政策的通知，2019 年 1 月 17 日，http://www.chinatax.gov.cn/chinatax/n810341/c101340/c101311/c101312/c5008887/content.html，访问日期：2020 年 6 月 9 日。

22. 关于延长小规模纳税人减免增值税政策执行期限的公告，2020 年 4 月 30 日，http://www.chinatax.gov.cn/chinatax/n810341/n810755/c5149526/content.html，访问日期：2020 年 5 月 22 日。

23. 博庄，英国之行——警惕通缩风险，2019 年 1 月 31 日，TS Lombard 报道，https://www.tslombard.com/index.php，访问日期：2020 年 6 月 19 日。

24. 艾丽西娅·加西亚-赫雷罗，中国对外直接投资，2015 年 6 月 28 日，https://www.bruegel.org/2015/06/chinas-outward-foreign-direct-investment，访问日期：2020 年 4 月 8 日。

25. 2016 年中国对外直接投资增长 44.1%，2017 年 1 月 16 日，http://english.www.gov.cn/archive/statistics/2017/01/16/content_281475543375328.htm，访问日期：2020 年 3 月 16 日。

26. 2017 年中国的非金融类对外直接投资下降 29.4%，2018 年 1 月 16 日，http://english.www.gov.cn/archive/statistics/2018/01/16/content_281476015909142.htm，访问日期：2020 年 6 月 25 日。

27. 2018 年中国对外直接投资近 1300 亿美元，2019 年 1 月 16 日，http://www.chinadaily.com.cn/a/201901/16/WS5c3f1be7a3106c65c34e4ddf.html，访问日期：2020 年 4 月 16 日。

28. 中国 2019 年外国直接投资增长 5.8%，对外投资下滑，2020 年 1 月 21 日，路透社，https://www.reuters.com/article/us-china-economy-fdi-idUSKBN1ZK05I，访问日期：2020 年 6 月 16 日。

第二章
抗击疫情

武汉：遭受打击的核心

新冠肺炎疫情最初发现于武汉市，这对整个中国经济来说都是极为不愉快的事件。虽然外国人对这个城市的了解远不如北京、上海、广州或他们最喜欢的旅游胜地海南，但是中国人充分了解这座城市的战略重要性，并了解武汉所承受的极大的经济压力。

湖北省位于中国中部地区——该地区由安徽、河南、湖北、湖南、江西和山西6省组成。武汉市是湖北省的省会，地理位置理想，距北部的北京、天津，南部的广州、香港，东部的上海、杭州和台北以及西部的重庆、成都、西安等重要城市均约1000千米，中国70%的大中城市在这个半径范围内，其经济总量占整个国家的90%。湖北省的总人口约为5900万。

武汉由武昌、汉口和汉阳3个城市合并而成。20世纪初，汉口一度成为中国第二大商业港和中国四大金融中心之一。而且这个城市在历史上一直被认为是销售业成功的典范，因此俗语讲："产品到汉口，销售不用愁。"

武汉是中国中部最大的水、陆、空交通枢纽，被称为"九省通衢"并非偶然。这个地方被称为"河流城市"，是世界上第三大河流长江和其最大的支流汉江的交汇地。水面占武汉市区的 25%，在中国主要城市中占比最高。此外，全市列入保护目录的湖泊有 166 个，其中包括面积约为 33 平方千米的东湖。

武汉市的地理位置为其创造了独特的交通优势。武汉天河国际机场是华中地区唯一的综合枢纽空港。

武汉有日产、本田和其他一些外国汽车制造商，这里生产汽车必需的约 3 万种零部件[1]。然而，新冠疫情的暴发使得这些汽车制造商被迫暂时停止在中国的生产。

武汉是中国最大的商业和金融中心之一。家乐福、麦德龙和沃尔玛等领先的国际连锁超市都有门店在这里运营，宜家在武汉开设了亚洲最大的购物中心。

武汉以其光电子信息产业、钢材制造和新材料产业、生物工程和新医药产业等而著称。

湖北省内另一城市宜昌也受到了新冠疫情的冲击，连同郊区其总人口共计约 415 万人，其中有约 134 万人居住在城市内。宜昌位于长江上、中游的交界处，素有"川鄂咽喉"之称，以世界上最大的水利枢纽三峡大坝而闻名。

仅武汉一地就有 1100 万人口，而在 2020 年 1 月宣布全面隔离后，武汉和附近城市的数千万人被隔离。新冠疫情暴发后，武汉明显缺乏医院病床。

更为严重的是，在中国，根据经济合作与发展组织 2019 年的数据，每 1000 名公民中仅有 1.8 名执业医生，而美国为 2.6 名，瑞典为 4.3 名[2]。资源丰富的大型医院与其提供的服务占比不成比例：数量只占 7.7% 的三甲医院为全国约 50% 的患者提供服务[3]。尽管从 2003 年 SARS 暴发到 2018 年底，中国政府在公共部门的医疗保健支出几乎增长了14倍[4]。

护士也很短缺,解决这些问题需要在全国范围内对医学专业高等教育进行大量投资。此外,中国的医疗基础设施在发展空间和使用新技术方面都有待扩大和加强。

应对新冠肺炎疫情的动员机制

与新冠肺炎疫情的斗争已经成为对中国整个系统的考验。这包括:保健、社会保障、经济弹性以及最重要的——人们对政府的信心。

在新冠疫情突发,形势十分严峻的情况下,动员管理被证明是非常有效的。中国已设法拨出大量资金用于建立医院、招募志愿者和其他措施。中国的优势是拥有巨大的财政缓冲。这有助于政府首先在短期内动员全国力量,控制供应系统,遏制价格上涨并为救援提供资金,然后在新冠肺炎疫情之后尽快开始恢复。中国制度的独特性在这里发挥了作用。由于采用了这种集中式体制,政府可以迅速动员4万多名医务人员和志愿者,向湖北输送大量的物资和技术。在某种程度上,这种经历是独特的,并且不适合直接复制,因为它与社会管理的集中统筹模式最直接地联系在一起。这使中国制度与西方特别是美国制度区别开来,西方制度特别是美国制度在短的时间内调动资源极为困难。

中国通过现有的统一的政党和行政管理系统来应对这种情

况。无论是医学方面还是经济方面中国在处理影响数百万人的流行病方面也有一些经验，特别是 2003 年的 SARS 流行病，尽管当时没有实行严格的隔离政策，城市也没有完全封闭。最初，SARS 仅被视为对人类健康的挑战，但逐渐变得明显的是，这个问题产生了许多社会问题，包括使人们适应部分隔离的条件以及在对抗流行病中遵守一系列法律。显而易见的是，通过惩罚当地失职官员来加强纪律是无效的，当时大多数普通中国人根本不了解需要遵守检疫措施，他们所做的仅限于佩戴防护效果较差的防尘口罩[5]。因此，说明性工作和预警而不是严厉的惩罚就显得更加重要，这种经验在 2020 年发挥了作用。

病毒的起源还不清楚，该病毒引起的类似于普通感冒和流感的症状掩盖了很多线索。中国科学家迅速对该新病毒进行了测序并得知，这是一种人类尚未遇到过的新型冠状病毒。2019 年 12 月底的测序结果被提交到世界卫生组织进行进一步研究和通报。此后，中国每天向世卫组织通报与新冠肺炎的防疫和研究有关的所有信息。因此，中国与世卫组织互动的时间是从 2019 年 12 月底开始的。

这时医学界做出的共同判断，就是病毒的潜伏期是 14 天，在此期间，一个病毒携带者就是一颗"定时炸弹"，而且病毒传播还是发生在农历新年——春节期间，成千上万的人出门旅行，或互相拜访。尽管人们对病毒的传染性和其导致的实际致死率的了解甚少，但还是立即发现大规模感染的危险性很大。在这种情况下，中国面临着一个严峻的问题，即是否要宣布完全隔离，以及在什么程度上宣布隔离？此外，韩国、日本和泰国已经在 1 月份发现了感染病例，部分病例与中国游客有关。

2020年1月23日，中国采取了严格措施：机场、火车站离汉通道暂时关闭；全国暂停进入武汉市道路水路客运班线发班，武汉关闭228个地铁站。湖北省内的鄂州市、仙桃市、潜江市、黄冈市、荆门市也先后采取了相应举措，严防疫情扩散。

通往武汉市区的所有道路均被封锁，所有航班均被取消。尽管那时只有500多人被感染，但政府开始为最坏的情况做准备：在新年庆祝活动开始的前两天，武汉成为世界上最大的隔离区。街道开始逐渐空无一人，数百万人被隔离，在那时尚不清楚这种情况将持续多久。当地医生再也无法应付大量的患者，于是有450名解放军医生被派往该市，在隔离期间，346支国家医疗队、4.26万名医务人员和965名公共卫生人员被派往湖北。截至2月中旬，已有超过2.5万吨的食品和必需品被运往武汉。

为了生产口罩，许多与生产纱布、尿布、织物相关的工厂被改建，而国家鼓励此类制造商，对他们的产品免税和进行集中采购。

该任务还被交给了中国最大的石油和化学工业企业，而后者创建了自己的专业生产线。例如，中国最大的化工和能源综合公司中石化集团在1月份扩大了口罩原材料（如聚丙烯）的生产，之后在北京开始建立两条生产线用于生产无纺布，日产量可为4吨，每天可生产120万个N95口罩或600万个医用外科口罩。到2月10日，中国石化已与合作伙伴对接完成11条新生产线，据当时估算，口罩的产量将提高到每天13万个，到2月29日将增加到60万个，而到3月10日，产能将增加到日产超过100万个[6]。

在新冠疫情暴发之前，中国生产了全世界一半的防护口罩，但是在暴发之后，这样的产量即使是仅供应中国一个国家，防护口罩的数量也是不够的，每天需要多达 2.38 亿个口罩。中国政府采取了特殊的措施来增加防护设备的数量，到 2 月底，口罩的日产量已从危机前的 800 万个增加到 1.16 亿个，政府甚至开始对大型非核心工业企业进行重新配置。成都飞机工业集团已将其工厂的一部分改用于口罩生产线。汽车巨头比亚迪公司成为世界上最大的口罩制造商，每天能够生产多达 500 万个口罩[7]。中国已有 2500 多家公司开始制造口罩，包括 700 家科技公司。

实际上，这里包含了两个部分：通过经济激励措施鼓励中小企业的主动行动，以及对大型企业下达国家任务。

与一般的隔离措施配套的举措

—— 取消所有教育机构的课程，将教育在全国范围内转入到基于现有国家平台的在线形式。

—— 关停所有企业，与城市生活保障有关的企业（电力、供暖等）除外。

—— 无需额外费用即可扩展互联网宽带，以最大程度地获得在线服务。

—— 使用社交网络和即时通信工具，以接收有关新冠疫情控制措施的实时信息。

—— 通过网站发布有关感染人数的信息及医疗机构。

——扩大使用人工智能系统来跟踪人们在隔离期间的户外活动。如果疑似感染（即使是未经证实的病例），则可以通过多种系统轻松追溯居民的所有接触过程：通过视频监控，以及微信、铁路和民航售票系统的大数据等统一的系统来追溯居民的购买行为、到过的地方。

——为不间断生产企业雇员提供临时特别通行证。

——居民的相互监督（包括在居住地遵守预防措施测量体温）。

——通过在线订单实现食品上门供应，而无须与供货商直接接触。

——建立供应和价格监督体系。国家监督人员进驻商店和大型分销连锁店工作，监督商品供应水平和价格稳定性，所有数据均传输到地区（省）和国家管理中心。大型制造商被要求以稳定的价格提供一定数量的商品（主要是食品），对每个企业因增加产量或复杂性（例如，将产品装入专门的卫生包装袋）而以免税的形式进行补偿。国家监督员进驻到医疗生产、食品生产的最大企业进行督导。

——提供集中遛宠物和清洁宠物服务。

——为居民提供密封的塑料垃圾袋，并在不与居民接触的情况下清除垃圾。在此之前，垃圾是用普通的塑料袋和包装袋送出。

——为企业和区域行政部门的工作创建在线平台。

——运用在线视频、舆论领袖讲述等方式宣传如何洗手、佩戴和更换口罩以及怀疑感染新冠病毒时的应对措施。

——用塑料瓶装水为居民提供饮用水。

——使用无人机观察户外情况。

——通过人工智能系统扩大室外监控摄像机的使用，并进行信息处理，以识别可疑和不当行为，识别违反隔离制度的行为，在某些情况下进行远程体温测量。

——打击电子交易平台上的医疗产品和口罩投机交易。

——使用基于计算机模拟技术的预制结构建造医院。

——通知民众，由于强制性停工停产，为中小企业提供优惠贷款。

完全隔离机制

阻止疫情全面暴发的想法非常简单：如果病毒没有新的携带者，它最终将消失。但是实施这个看似简单的想法却是困难很多：必须将一个城市的生产完全停下来，并提供一切必要的条件，以创建一个真正封闭的隔离空间，防止接触，隔离人员，使他们接受完全隔离的想法。

2020年1月23日之后采取的措施变得严格起来，在2月和3月的大部分时间里，限制变得越来越具体。未登记为本小区的居民禁止进入该居民区。大多数国内出行的人在到达目的地后需要进行14天隔离，在新冠肺炎疫情被确认为全球性问题之后，国际旅行也采取了类似措施。

1月24日，中国记录了1000多例新冠肺炎病例。湖北省13个城市已被隔离，公共交通已暂停。湖北省政府要求各部门停止因非迫切需要而举行的会议和集会，并敦促武汉人民不要举行群众活动，包括家庭聚会，尽管 1 月 24 日是除夕。

由于床位十分紧张，政府决定从零开始在最短的时间内建设两家传染病医院，为传染病患者提供 2600 个床位。1 月 24 日，数百台挖掘机、推土机等机械设备和 2000 多名建筑工人抵达施工现场，宏伟的建筑工地上被安装了摄像头，建筑的各个阶段经摄像头被全天候发布到互联网上。人们几乎不眠不休地工作，许多构件直接在工厂制造。开工 10 天后，火神山医院接待了首批患者，1400 名军医开始在那里工作。到 2 月 8 日，第二家医院雷神山医院也已准备就绪。

中国城市通常喧闹。但是在 1 月 24 日，中国最热闹的春节假期的前夕，武汉"陷入沉默"，全市宣布进行最严格的隔离。这个静默的城市被一种可怕的，在当时还没有被完全了解的疾病的传播所攻陷。

1 月 25 日是中国农历新年，武汉默默迎接新年的到来，大部分社工走上街头，其中许多是志愿者。他们通过社交网络快速建立有效的信息系统：每栋楼配备一名社工，他们将所有有关患病和疑似病例的信息输入一个专门的数据库，然后将所有信息汇总到城市数据库中。根据这些信息，这些穿着防护服的社工在商店里购买他们所需的一切物品，主要是药品和食品，然后将它们运送到自己负责的病患手中。大多数建筑物内都有保安人员，负责测量每个进入人员的体温。住宅区对除本住宅区居民以外的所有人员均不开放。

工作人员也开始逐户进行检查，检查任何可疑的新冠病毒感染者，并对与感染患者接触的人进行隔离。

中国采取了最严格的限制和隔离措施,这恰好将中国的防治新冠肺炎的模式与其他所有模式区分开来(但是,当时还没有其他模式)。日本、埃及、俄罗斯等国家向中国送来了援助物资,许多国家的年轻人发起了"武汉—坚持!"的快闪活动。

但是,该疾病的病例数增长非常迅速:截至2020年2月11日24时,中国累计确诊病例4万多例。全世界3月27日已经突破50万例,3月29日已经超过60万例,4月1日达到90万例。

2月11日,世卫组织总干事谭德塞在日内瓦对记者说,将新型冠状病毒感染的肺炎命名为COVID-19。名称由3部分组成:"CO"代表"冠状","VI"代表"病毒","D"代表"疾病","19"代表"2019年"。[8]

逐渐显明的是,在五分之四的患者中,该病是轻度的,而后来证明,许多人是潜在的病毒携带者,因此这一类人并未引起注意。但这也增加了问题的复杂性,因为当时根本无法确定整个感染规模。

武汉被完全隔离后不久,人们开始意识到,这显然还远远不够——几乎整个中国都在加紧控制。这样做的部分原因是担心在宣布隔离之前离开武汉的人们可能会将病毒传播到其他地区。的确,后来确实是这样发生了,一些新冠病例与武汉有这样或那样的联系:有人在武汉探望了他们的亲戚,有人与从武汉来的人进行了接触。

在北京、上海、江苏、黑龙江等许多省市采取了隔离措施,在街头悬挂了警告标语和口号,例如,"我的家园我守卫",号召人们在疫情期间适当照顾自己并保护家人。在外出时启用了专用通行证制度,甚至在街道上也有小亭子形式的快速检测点,人们可以借助带有二维码的宣传条幅和聊天软件获取相关信息。城市陷入停滞状态。有轻度症状的人被隔离，严重者被送入医院。所有治疗和检测费用均由国家负担。

中共领导层立即介入对局势的管控，这是极其重要的，表明中国领导人每天都关注着形势的进展。戴着防护口罩的国家主席习近平不断出现在电视屏幕上，并考察了北京地坛医院和北京朝阳区疾控中心。国务院和各省级单位相关部门定期举行新闻发布会。志愿者小组前往农村，向当地居民传授新冠肺炎疫情期间的卫生防疫规则以及相应的方法：定期进行体温测量、调查和外部巡查。张贴"如果您出现患病的状况，请立即报告"的海报。装有扩音器的汽车在街上来回广播，提醒人们佩戴口罩、待在家里和使用消毒剂，主要目的是引起人们对自己健康的真正关注。虽然情况非常严重，但扭转这种形势恰恰取决于人们自身的行为。

2020年2月12日，中国的病例数已经超过4.4万，有4700多人康复。但是仍然没有足够的医院。为此武汉重新规划了大型展览中心大厅和体育设施，在那里摆放了成排的床和医疗设备，安排了轻度患者。同时，引入了新的快速检测方式，创建了数百个移动实验室，这些实验室被安装在拖车内，拖车保持负压。对于医生而言，这相当于在几千米的海拔上工作。

截至2020年2月13日24时，武汉的病例继续增加（新增3910例），湖北以外地区新增267例，全国累计有6723人康复。而在2月18日，湖北以外地区仅记录了56起新病例。尽管胜利是阶段性的，但也非常重要。因为很明显，严格的隔离和整个省的完全封闭，以及所有生产的停止，证明是可行的。而且,所有这些成果都是在没有发现用于新冠肺炎的特效药物的情况下实现的。

然而,与此同时,世界范围内对拟定于2月至3月出游的中国游客,甚至商务代表团和进行文化交流访问的中国代表团的恐惧也在增加。而且由于中国商人是许多国际商务展览的常客,并且经常占据多数,因此必须取消展览。多年来建立的业务关系正在崩溃,而许多人不知道如何正确地制定专门禁止中国人参加此类事件的禁令,如果这么做显然是歧视。因此,原定于2月在巴塞罗那举行的全球最大的世界移动通信大会MWC的组织者首先发布了新闻稿,公开禁止任何来自湖北的游客参加展览,所有其他来自中国或到访过中国的游客都必须出示过去14天在中国境外停留的证明。然后,很可能是意识到了这一禁令的奇怪之处,并意识到参观展会的大多数人都是中国公民,组织者只好取消了展览,这是被取消的一系列重大国际活动中的第一例,此后其他展会也相继取消了[9]。

由于新冠疫情的影响,俄罗斯于1月30日宣布关闭远东地区中俄边境口岸,所有行人和公路检查通道都关闭了,同时决定暂停除莫斯科—北京和北京—莫斯科以外的所有火车的通行。俄罗斯外交部已暂时中止了针对中国公民的电子签证的发放,不仅针对远东边境口岸,而且还针对圣彼得堡和加里宁格勒地区。2月25日,这一禁令被延期。

在中国"封闭"武汉以防止疾病进一步蔓延的那一刻,这一步骤的规模震惊了全世界,许多国际专家对此表示怀疑:太严格了吧?流行病学家警告说,中国的决定只是一个"广泛的实验",尽管付出了巨大的人力和经济代价,但未必奏效。此外,如此大规模的隔离在人类历史上前所未有。

政府立即对隔离人员实行了一系列经济和社会救助。例如,暂时失去收入来源且无法履行还贷义务的个人和法人可以调整还款程序而不会受到处罚。以前被认为是"不诚信行为"的其他行为,例如"延迟发货或未按时提交报表"等,也可以免除罚款。

中国自2014年引入的社会信用体系也发挥了积极作用,例如,人力资源和社会保障局以及地方税务局被授权对因受新冠疫情影响而未能缴纳社保和税款的公司不做社会信用降级处理。

许多地方政府已经建立了快速程序,以恢复先前被认为是"不诚信"的公司的社会信用等级,这些公司主要是生产和提供与抗疫和预防有关产品和服务的公司。

各地市政府也有一些单独决定。例如,在上海,开展研究或提供抗击和预防新冠疫情服务的个人和公司可以补充其信用记录并获得项目融资的优惠待遇[10]。鼓励独立采取预防措施并履行社会责任的企业。上海市政府针对受该疫情影响并暂时失去收入来源的个人和法人,要求信贷机构调整还款时间表,为每种情况确定合理的还款期限。宁夏回族自治区的首府银川市将市、县两级人民政府表彰的疫情防控期间有突出贡献的企业法人和个人纳入红名单,记入信用档案,并将哄抬防疫物资价格、生产假冒伪劣商品等行为信息纳入银川市信用信息共享平台,通过"信用中国(宁夏银川)"网站对外公示[11]。与此类似,在山东省荣成市,一些来自个人的支持抗疫捐款的行为,提高了他们的社会信用度。

该机制在不同城市的运作方式不同。大数据分析系统可以迅速识别出违规者。早在 2 月初,中国许多地区,包括安徽省、江苏省和吉林省以及上海、重庆和杭州市就规定了将违反隔离规定或隐瞒新冠肺炎症状的人列入黑名单。

2020 年 2 月 12 日,杭州市政府公布了 9 人的姓名和其部分身份证号码,他们违反了隔离规定,甚至隐瞒了他们的旅行史。有关违规者的信息必须在一个特殊的城市"信用"网页上公开保留一年,任何人都可以在其中查看其详细信息。经过一年的"耻辱榜"之后,违规者如果想修复自己的信用,需要签署和公开一项信用承诺书,并参加社会公益或志愿者活动。作为中国最大的城市之一,重庆宣布了一系列"负面行为清单",这些行为将大大降低信用评级,如制造和销售假冒商品、进行囤积炒作、抬高价格等[12]。

当然,湖北封锁城市和整个省份的办法并不是唯一的策略。例如,另一种方法是对居民进行大规模检测,以确定是否患有该疾病[13]。但是,我们需要了解正在发生的规模:新加坡有 600 万人,而湖北省有 5850 万人,这是中国第九大人口大省。此外,在 1 月和 2 月初没有足够的试剂,该病的病因也还不十分清楚,因此除了封锁该省之外,别无其他出路。

但是,将近两个月后,事实证明中国的做法是合理的:中国报告了没有本土新病例的第一天,所有发现的新病例都是从国外"输入"的。所有这一切都是在意大利和美国以及后来在巴西出现成千上万的受害者的背景下发生的,在那里发生了一场真实的、当时无法控制的悲剧。

其间并非一帆风顺,包括与测试方法有关的波折:测试变得越准确,感染者的人数就越多,纯粹的"数学"导致患者数量急剧增加。首先，由于新的测试方法而做出的调整在 1 月 26 日至 27 日进行，当时的统计数据就表明，患者人数急剧增加。

2020 年 4 月 17 日，武汉市新冠肺炎疫情防控指挥部再次通报了修订后的情况，包括确诊病例和死亡人数。在新闻发布会上，防控指挥部给出了一个解释："在新冠疫情的早期，由于一些原因：患者数量持续增加，医护人员力量不足且救治压力巨大；疫情早期核酸检测和收治能力严重不足；少数医疗机构无法及时连接到疾病预防和控制的信息系统。客观上有晚报、漏报和误报的情况。"修订后，死亡人数增加了 1454 例，但排除了 164 例"已被重复统计的病例"或其他疾病导致的病例，因此，截至 4 月 16 日 24 时，武汉的累计确诊病例死亡人数为 3869 人，累计确诊患者的数量从 50008 增加到 50333，同时排除了 217 个"重复统计"的患者[14]。

实际上，这些"澄清"非常重要，因为许多国家都是以中国的经验为指导的。

这种流行病规模迫使第十三届全国人民代表大会第三次会议延迟召开，该会议原定于 3 月 5 日召开（实际于 5 月 22 日召开）。

3 月 10 日，中国国家主席习近平亲自来到武汉感谢医生和居民。3 月 12 日，中华人民共和国国家卫生健康委员会宣布中国本轮疫情高峰已经过去。3 月 28 日，中央电视台报道说，中共党员已经自愿捐款约 52.8 亿元，以资助应对新冠疫情传播的措施[15]。

截至 3 月 28 日 24 时，据 31 个省（自治区、直辖市）和新疆生产建设兵团报告，确诊感染的当时病例数少于 3000，在 3

个月内，中国记录的新冠病毒感染病例超过8万[16]。

4月10日，国家卫生健康委医政医管局监察专员焦雅辉称雷神山医院和火神山医院将在4月15日前关闭。当时火神山医院有40余例病人，雷神山医院有15例病人。检查结束后，所有患者被转移到其他的医院。

中国在很短的时间内成功遏制了新冠疫情的流行，很明显，至少第一波疫情已被击败。3月10日，国家主席习近平飞赴仍处于隔离期的武汉考察疫情防控工作，这传递了一个信息：一切都在按计划进行。

对"第二波"疫情的担忧

但是，中国又面临新的威胁：由于部分边境开放和滞留在国外的中国人返回家园的缘故，该病毒的"输入"病例在国内开始增加。来源包括意大利、俄罗斯等。

4月9日0—24时，31个省（自治区、直辖市）和新疆生产建设兵团报告新增确诊病例42例，其中38例为境外输入病例[17]。

中国的输入感染病例迅速增长。4月12日0—24时，31个省（自治区、直辖市）和新疆生产建设兵团报告新增确诊病例108例，其中98例为境外输入病例[18]。

4月15日0—24时，31个省（自治区、直辖市）和新疆生产建设兵团报告新增确诊病例46例，其中34例为境外输入病例[19]。

中国针对外国人采取了限制性措施：根据中国外交部3月26日的声明，中国暂停了部分外国公民的入境，包括持有居留许可和APEC商务旅行卡的人员。理由是这是应对新冠疫情在世界范围内迅速传播的一项临时性措施[20]。

在当时，即使具有有效的工作签证，要获得入境许可，也需要证明其对业务运营有重要意义。入境后，需要遵守隔离措施，住宅应有独立的洗手间、通风设备等。为了接送他们，需要专门的汽车和驾驶员。不允许他们使用公共交通工具，必须遵守在指定场所进行14天隔离等安全预防措施[21]。

在几乎整个5月的时间里，政府都极为关注中国公民从欧美返回中国的流行病学状况。政府采取了严格措施，将这些人直接从机场转移到隔离场所，这表明政府对潜在的"输入"新冠病例的重视程度。

在5月中旬，"第二波"疫情的威胁开始出现。5月9日至10日，舒兰市报告了14例新病例，每例均与一名被诊断为患有新冠肺炎的45岁女性有关联。该名女子在市公安局洗衣房工作，当地部门试图追踪她最近的接触者，但仍不清楚她是如何被感染的。此外还采取了一般措施，例如，停止销售退烧药物，并将所有疑似或确诊的新冠肺炎患者送往医院。

吉林省省会长春市要求来自舒兰市的人员必须在集中隔离区隔离14天，并在家里自我隔离7天，期间须进行4次检测。5月19日，由于感染人数的增加，舒兰的邻近城市蛟河市不得不封城，公共交通也被叫停。

2020年5月至6月，距离俄罗斯边界不远的吉林省已成为新冠疫情暴发的新中心。尽管早些时候，政府已经封锁了与俄罗斯边界地区的入境通道。从 5 月 1 日起，乘客必须在乘坐从莫斯科飞往北京的国航航班之前出示 72 小时内核酸检测阴性证明材料。从 5 月 8 日开始，从莫斯科飞往北京的乘客必须在登机前 120 小时内提交经授权的检测机构提供的检测结果，以确认他们没有感染新冠肺炎后方可乘机回国，6 个经授权的检测机构中的任何一个的检测结果均有效。

4 月 22 日，哈尔滨市政府要求所有村庄和社区（居民区）禁止外部人员和车辆进入其居住区[22]，并且严禁在公共场所和工作场所聚集。

中国政府对黑龙江省的部分地区，特别是其省会哈尔滨和与俄罗斯接壤的绥芬河市的出行和旅行进行了限制，这让人想起了"武汉封锁"。所有来哈尔滨和绥芬河的人员都经历了检测和隔离。在哈尔滨，对发现有确诊为新冠肺炎患者（无症状和有症状）的楼栋单元进行 14 天的隔离。

哈尔滨宣布对所有入境人员进行 28 天隔离（在指定地点进行 14 天隔离，14 天居家隔离），同时须通过两次核酸检测和一次针对抗体的检测。那些通过绥芬河入境的人被隔离了 35 天：在绥芬河进行 14 天的隔离，在属地进行为期 7 天的集中隔离再加上 14 天居家隔离。

南部广西壮族自治区的桂林市也采用了同样的 28 天隔离政策。4 月 27 日，国家卫生健康委员会发言人在国务院联防联控机制新闻发布会上说，人口稀少的南部边境地区，例如与印度、尼泊尔、不丹、缅甸、老挝和越南接壤的西藏、云南和广西，卫生系统的准备不足，同样有着较高的输入病例感染的风险[23]。

5月上旬，在武汉市的三民小区，确认了几起新病例，应对措施迅速而严格。由于对形势的控制不力，相关人员被免职，三民小区有5000多人被送去进行核酸检测[24]。新出现的新冠病例促使武汉5月11日下发紧急通知在全市范围内进行新的新冠病毒核酸筛查，核酸筛查要在10天内完成[25]。

6月11日，北京在连续56天无新增病例后出现第一例新冠肺炎感染病例，据调查和分析是从新发地农产品批发市场传来的。北京重新开始采取隔离措施，并立即暂停了针对低年级学生的课程恢复，将销售牛肉、羊肉和海鲜的部分市场进行关停并检查和消毒[26]。政府还关闭了距新发地批发市场约10千米的京深海鲜批发市场。在对市场继续研究的同时，进行了大规模检测和对潜在感染者的接触追踪。相关人员因失职被免职。

6月17日，北京报告了31个与新发地批发市场有关的新感染病例。感染快速增长的势头被遏制，但是仍然存在出现新的暴发点的危险。

新发地批发市场附近的街区被封闭，其中27个被指定为中级感染风险区，一个被指定为高感染风险区。北京市政府已敦促中高风险地区以及与新发地批发市场有关的地区的居民不要离开北京。除非迫切需要出行，其他居民也不要离开北京。那些必须离开北京的人必须持核酸检测阴性证明，该检测不得早于出行前7天进行。

此次疫情的暴发可能比人们发现的要早。例如，中国疾病预防控制中心主任高福说，北京新发地批发市场的疫情暴发可能是一个月前发生的，但由于是无症状感染或轻症状病人而没有引起人们的注意[27]。同时，许多中国专家试图指出此次新冠疫情暴发的"输入"性质。例如，中国疾病预防控制中心流行病学首席专家吴尊友说，初步调查表明，该病毒的来源不在北京，但如何输入尚待确定。该毒株可能源于欧洲或北美或南美的某一个国家[28]。

注释

1. Nissan, Honda delay restart of some China plants due to coronavirus, February 21, 2020, accessed February 25, 2020, https://www.cnbc.com/2020/02/21/reuters-america-update-1-nissan-honda-delay-restart-of-some-china-plants-due-to-coronavirus.html.

2. Doctors, OECD Data, accessed June 7, 2020, https://data.oecd.org/healthres/doctors.htm.

3. A look at how China is using technology to improve rural access to quality health care, March 6, 2018, accessed March 8, 2020, https://www.scmp.com/tech/article/2135880/look-how-china-using-technology-improve-rural-access-quality-health-care.

4. Sito, Peggy, What has China's public healthcare system learned from the twin coronavirus outbreaks of Sars and COVID-19?，March 14, 2020, accessed April 15, 2020, https://www.scmp.com/business/china-business/article/3075095/what-has-chinas-public-healthcare-system-learned-twin.

5. Wong, J., Yongnian Z., *The SARS Epidemic*（World Scientific, 2004）, p. 45-99.

6. 中国石化：已成功对接11条口罩生产线，2020年2月26日，https://m.tnc.com.cn/info/c-001001-d-3697110.html，访问日期：2020年2月29日。

7. Xie, John, World Depends on China for Face Masks but Can Country Deliver?, March 19, 2020, accessed March 20, 2020, https://www.voanews.com/science-health/coronavirus-outbreak/world-depends-china-face-masks-can-country-deliver.

8. Coronavirus disease named COVID-19, February 11, 2020, accessed February 13, 2020, https://www.bbc.com/news/world-asia-china-51466362.

9. GSMA Statement on Financial Package for MWC Barcelona 2020, accessed April 8, 2020, https://www.mwcbarcelona.com/about/news/news/gsma-statement-on-financial-package-for-mwc-barcelona-2020.

10. 上海市社会信用建设办公室关于做好疫情防控期间信用管理和服务工作的通知，http://www.shanghai.gov.cn/nw2/nw2314/nw2319/nw12344/u26aw64154.html，访问日期：2020年5月16日。

11. 关于做好新型冠状病毒肺炎疫情防控期间信用管理和服务的通知，http://www.yinchuan.gov.cn/xxgk/bmxxgkml/sfgw/xxgkml_1867/bmqtwj_1875/202003/t20200303_1978002.html，访问日期：2020年4月21日。

12. China blacklists individuals for concealing symptoms, violating quarantine, February 13, 2020, accessed February 19, 2020，http://www.xinhuanet.com/english/2020-02/13/c_138780063.htm.

13. They've Contained the Coronavirus. Here's How, March 13, 2020, accessed March 15, 2020, https://www.nytimes.com/2020/03/13/opinion/coronavirus-best-response.html.

14. Wuhan revises up coronavirus toll by half to cover deaths at home, April 17, 2020, accessed April 18, 2020, https://www.scmp.com/news/china/society/article/3080437/wuhan-revises-coronavirus-toll-half-cover-deaths-home.

15. 中共中央组织部、财政部联合下发通知 要求各地区各相关部门做好党员支持新冠肺炎疫情防控自愿捐款资金分配使用工作，2020年3月28日，http://www.12371.cn/2020/03/28/ARTI1585394034824869.shtml，访问日期：2020年5月7日。

16. 截至3月28日24时新型冠状病毒肺炎疫情最新情况，2020年3月29日，http://www.nhc.gov.cn/xcs/yqtb/202003/8721a8bc007b448db32489ea74b321fc.shtml，访问日期：2020年3月29日。

17. 截至4月9日24时新型冠状病毒肺炎疫情最新情况，2020年4月10号，http://www.nhc.gov.cn/xcs/yqtb/202004/6b7e8905b62f4cf89517cb0ebdf24d00.shtml，访问日期：2020年4月10日。

18. 截至 4 月 12 日 24 时新型冠状病毒肺炎疫情最新情况，2020 年 4 月 13 号，http://www.nhc.gov.cn/xcs/yqtb/202004/ee6750d722a54876872056e6aafd5822.shtml, 访问日期：2020 年 4 月 13 日。

19. 截至 4 月 15 日 24 时新型冠状病毒肺炎疫情最新情况，2020 年 4 月 16 号，http://www.nhc.gov.cn/xcs/yqtb/202004/9ffacd69bc67476eb83a2776b8d8c70c.shtml, 访问日期：2020 年 4 月 16 日。

20. Ministry of Foreign Affairs of the People's Republic of China National Immigration Administration Announcement on the Temporary Suspension of Entry by Foreign Nationals Holding Valid Chinese Visas or Residence Permits, March 26, 2020, accessed April 14, 2020, https://www.fmprc.gov.cn/mfa_eng/wjbxw/t1761867.shtml.

21. China's Travel Restrictions – Special Visa Applications, May 28, 2020, accessed May 29, 2020, https://www.china-briefing.com/news/chinas-travel-restrictions-special-visa-applications.

22. 哈尔滨市出台《关于进一步强化新冠肺炎疫情防控措施的意见》，2020 年 4 月 22 日，http://www.hlj.gov.cn/zwfb/system/2020/04/22/010924440.shtml, 访问日期：2020 年 4 月 23 日。

23. 2020 年 4 月 27 日新闻发布会文字实录，http://www.nhc.gov.cn/xcs/yqfkdt/202004/e10233d50df54a5bb31d8dd2a4f9f07a.shtml, 访问日期：2020 年 4 月 29 日。

24. New Chinese COVID-19 cases raise fears of fresh wave of infections as disease returns to Wuhan, May 11, 2020, accessed June 12, 2020, https://www.scmp.com/news/china/society/article/3083868/new-chinese-COVID-19-cases-raise-fears-fresh-wave-infections.

25. China's Wuhan plans city-wide testing for coronavirus over period of 10 days, May 11, 2020, accessed June 15, 2020, https://www.reuters.com/article/us-health-coronavirus-china-wuhan/chinas-wuhan-plans-city-wide-testing-for-coronavirus-over-period-of-10-days-sources-idUSKBN22N24F.

26. Beijing's back-to-school plan on hold as more coronavirus cases found, June 13, 2020, accessed June 14, 2020, https://www.scmp.com/news/china/society/article/3088893/beijings-back-school-plan-hold-more-coronavirus-

cases-found.

27. Global report: Beijing COVID-19 cluster may have begun a month earlier – China health official, June 18, 2020, accessed June 19, 2020, https://www.theguardian.com/world/2020/jun/18/global-report-beijing-COVID-19-cluster-may-have-begun-a-month-earlier-china-health-chief.

28. Coronavirus responsible for Beijing COVID-19 outbreak was imported: CDC expert, June 16, 2020, accessed June 21, 2020, https://www.globaltimes.cn/content/1191726.shtml.

第三章

新冠肺炎疫情：
中国经济面临的
挑战与对策

挑战：新冠疫情对中国经济的打击

中国严格的隔离政策导致 2020 年第一季度经济收缩了 6.8%。这是自 1992 年开展此类数据统计以来最大的季度收缩，也是自 1976 年以来的首次正式收缩。

这是艰难决定的代价，当时中国不得不在两者之间做出抉择：是以牺牲亿万人民的健康为代价而平稳降低经济指标，还是在数十个城市中迅速降下"铁幕"，致使经济陷入可能崩溃的局面但挽救人民的生命。现在可以说，总体而言该计划是成功的，但是在 1 月份很少有人可以预测这种情况将持续约 80 天，陷入全面经济危机并伴随着社会不满情绪增加的风险很高。尽管如此，政府仍然选择把人民的生命放在首位。

停工停产在短时间内给经济带来了沉重打击，问题在于，实际上没有人来得及为如此长期而突然的"停顿"做好准备。还有许多间接迹象表明，在这几个月中工业产值出现了明显的下降。例如从空气质量的数据就可以间接说明工业生产规模的减小，在 2020 年 2 月，中国东部和中部地区的二氧化氮值明显低于同期一般水平。

停工停产在全国范围内都产生了明显的影响，对湖北省经济的打击最大。湖北省的 GDP 在 2020 年第一季度下降了 39.2%。第一季度的降幅是自抗日战争以来最大的降幅，当时这场战争摧毁了该省及邻近省份的经济。2020 年湖北省第一季度 GDP 的下降也是中国 31 个省（自治区、直辖市）中最大的经济衰退。全省的跌幅远高于全国的跌幅（6.8%），按价值计算，2020 年第一季度该省的生产总值为 6379.35 亿元，按可比价格计算，比 2019 年同期下降 39.2%。全省零售总额下降 44.9%，而固定资产投资下降 82.8%。由于第一季度外国投资的流入几乎枯竭，出口下降近 40%[1]。

2020 年第一季度，在空前的新冠疫情隔离中，中国的大型工业企业面临严峻的困难，全国规模以上工业企业利润下降了 36.7%，其中汽车行业大幅下跌。

汽车制造业、化学原料和化学制品制造业、黑色金属冶炼和压延加工业利润降幅分别达到 80.2%、56.5% 和 55.7%。

总体而言，2020 年第一季度，在中国的 41 个工业大类行业中，两个行业（烟草制品业和农副食品加工业）以外的所有行业均遭受了严重损失。规模以上工业企业中，国有控股的规模以上工业企业的利润同比下降了 45.5%[2]，股份制公司的利润下降了 33%，私营企业的利润下降了 29.5%。

3 月，规模以上工业企业利润再次下降了 34.9%，但与 1—2 月创纪录的 38.3% 的下降相比，这可以算是有所改善。

3 月，规模以上工业增加值下降了 1.1%，而 1—2 月则下降了 13.5%。零售额是消费的关键指标之一，在 1—2 月创下 20.5% 的创纪录降幅之后，3 月同比下降了 15.8%，远低于预期，当时的预期降幅仅为 10%。

全国固定资产投资（不含农户）在 2020 年第一季度下降了 16.1%。

在中国有产业链的外国公司受到了严重影响。这主要发生在已宣布隔离的中国中部和南部地区，其中包括一些生产电子元器件然后在其他国家／地区做进一步组装的公司（包括三星、索尼等品牌）。

手机和可穿戴电子设备的市场已经为全国的数百家工厂和零部件供应商提供了工作，但该市场也出现部分"崩溃"。全球最大市场的智能手机出货量同比下降 18%。但是，这里出现了一个悖论：社交和商业活动大量转到线上，这种转型让一些卖家维持了公司的正常运转甚至增加了利润。几乎所有大型的智能手机供应商都对这种新冠疫情具有抵抗力，占据市场 95% 份额的前 5 名公司的业绩好于预期。华为是前 5 名移动设备公司中唯一增长 1% 的公司。OPPO 排名第二，其次是 VIVO，二者出货量分别同比减少了 26% 和 19%。小米的第一季度业绩同比下降了 26%，但仍保持在第四名的位置，其次是苹果[3]。在 2020 年第一季度，生产苹果产品的中国台湾公司富士康的利润降至近 20 年来的最低水平。利润下降的主要原因是，该公司称其第一季度在采取隔离措施期间停止了在中国大陆的生产，因而利润同比下降了 90%，降至 7030 万美元，收入下降了 12%[4]。

然而，新冠肺炎疫情对中国 5G 网络的发展并没有产生重大影响，因为无论是部署基础设施还是引进设备，大多转向线上销售。华为在这方面也处于领先地位。

所有领域的运输部门，包括货运和客运部门，都遭受了明显损失。既由于隔离，也因为恐惧，人们停止旅行，在此期间，中国的国内旅游业彻底停下了。而这一切发生在中国一年中最热闹的时候——春节（1月下旬至2月上旬），这个时期正是运输业主和旅店业主获取他们的主要收入的时间段。通常在此期间，有多达4亿人在中国各地流动，这些人返回家乡（在中国，有相当一部分人在离家很远的地方工作），探望亲朋好友。这是一个充满欢笑、乐趣和消费的时期。此外，这个时期中国人还会纷纷出国旅行。但是2020年同期，由于游客流量的减少，许多受中国旅客喜爱的国家，包括意大利、德国、法国、俄罗斯，甚至在新冠肺炎疫情在本国开始流行之前就遭受了巨大损失。

从国际经济角度看，新冠肺炎疫情的情况与2003年SARS的情况明显不同。SARS疫情结束以后，中国在全球范围内建立了庞大的物流网络，并启动了"一带一路"倡议，该倡议有效地将数十个国家与中国的货物运输联系起来。许多运输走廊直接或间接依赖于进出中国的货物量，也因此，2020年第一季度，同中国的贸易陆路运输中，国际公路的空载率达到40％，这给物流和运输公司造成了严重损失。主要是这些国家遭受了冲击，它们最近通过承诺（但未全额支付）的中国投资启动了运输走廊建设。其中包括阿塞拜疆—格鲁吉亚—土耳其铁路走廊（通过保加利亚将货物出口到欧洲），希腊和意大利在地中海海港的装载码头。

国内旅游业和运输业都遭受了沉重打击。这不足为奇，因为许多中国居民在隔离中，企业停工，这意味着商务旅行也无事可做。但是，该行业在商业活动"苏醒"后立即开始恢复。

应对挑战：摆脱经济崩溃的出路

2020年第一季度，中国经济萎缩了6.8%。3月份工业生产、零售贸易和固定资产投资显著下降。但是问题不仅仅在于经济指标：在全球经济形势恶化的背景下，许多人警告中国经济复苏机制的脆弱性，因此必须尽快采取行动以确保稳定的就业和避免社会动荡。

一个重要的问题是，在新冠肺炎疫情期间失业人数上升，这给中国并不均衡的社会保障网络带来压力，并给中国领导人带来了重大政治挑战。

官方调查显示，2020年3月全国城镇调查失业率为5.9%，略低于2月份创纪录的6.2%[5]。

根据中国人力资源和社会保障部的数据，截至2020年3月底，全国已经向230万名失业人员发放失业保险金93亿元，代缴医疗保险费20亿元，发放价格临时补贴6亿元，向6.7万名失业农民合同制工人发放了一次性生活补助4.1亿元[6]。

在这种情况下找到新工作非常困难。根据中国就业研究所和智联招聘网站[7]（中国最大的求职网站之一）的调查：2020年第一季度的职位空缺数量比去年第四季度下降了28%。同时，竞争变得更加激烈——第一季度的求职者数量跃升了近9%[8]。

另一个问题是，向所有工人提供社会保障的保险费用主要是由雇主承担的，中国政府制定了一项强制性规定，要求企业为每个职工缴纳5种社会保险：养老金、医疗险、失业险、工伤险和生育险。综合费用是小型制造业和服务业公司的沉重负担。因此，在这种情况下雇用新员工成为中小企业的沉重负担。

中小企业即使在经济"重启"之后，也陷入了"第二波"经济打击：新冠肺炎疫情在世界其他国家的蔓延扼杀了外国消费者的需求，并导致中国出口订单的减少或取消。因此，借助国内消费市场的增长，企业才有可能生存。国家通过释放流动性"充盈"市场的方式创造了先决条件，以便市场可以借助这些资源储备，坚持到疫情结束外国市场开放为止。

在2020年3月或4月初，很少有人期望中国市场能够迅速"复苏"，最重要的是，消费市场将开始积极复苏，这将成为经济发展的动力。外部需求的急剧下降和通缩压力被认为是不利因素[9]。

在2020年4月至5月，经济逐渐复苏。4月份的数据开始显示，产业，甚至小型企业都在复工复产。总部位于北京的经济咨询公司 Trivium China 估计，4月份的商业活动是疫情传播前水平的82.8%，而且大公司的复苏要比小公司好一些[10]。

尽管有乐观的预测，但政府和企业家都清楚地意识到，许多类型的业务都将受到严重影响。受灾最严重的4个领域是：食品和饮料、零售、房地产和国内旅游。受灾行业的"第二梯队"包括提供家政服务、以各种运输方式提供客运和货运服务的行业。这些行业的许多员工要么被放了一段时间无薪假，要么完全失去了工作。

同时，商业企业对此情况的反应也有所不同，并非所有来自"第三产业"的公司的指标都下降了，许多公司甚至表现出了成功。根据国家统计局的数据，房地产市场已经严重"沦陷"。2020年1月至2月，商品房销售面积8475万平方米，而在2019年同期为14102万平方米，但一些中国房地产公司改变了策略，最终成为赢家。例如，中国恒大的销售额在第一季度同比增长23%，达到1465亿元，销售回款1133亿元，同比增长55%，成为业内最佳。而其他大多数房地产开发公司的员工业绩都大幅降低，甚至连销售中心都只好关闭。中国恒大集团于2月18日发起了一个促销活动，在全国范围为其所有项目提供了高达25%的折扣，该公司还通过自己的移动应用软件销售这些项目。与此同时，它为自己设定了一个目标，即在2020年年度销售额达到8000亿元，并在2022年达到1万亿元[11]。

新鲜食品的供应商也奋勇争先。这里一个有趣的例子是农产品物流企业望家欢农产品集团。随着其新鲜食品业务在新冠肺炎疫情期间（2020年3月）的增长，望家欢从美团和隐山资本获得了6亿元的B轮融资。

这些行动为望家欢集团提供了支持，并在全国范围内扩展了其网络。特别是，公司开始使用区块链技术来建立供应商采购平台以保证产品质量，在农田和食品摊位之间建立透明的供应链。云平台已经成为另一个简化采购过程的很有前景的工具。

因此，许多公司在2020年第一季度并没有陷入停滞状态，相反，恢复了活力，这主要涉及食品生产和配送公司、人工智能的开发以及其他一些公司。

食品配送行业和食品市场的崛起

在新冠疫情期间,生鲜食品、成品的销售和配送行业成了市场反应的指示性指标。与其他许多行业不同,在疫情期间,配送行业(如线上服务业)经历了一次真正的腾飞,因此,市场并非出现单向下降之势,而是一系列多向趋势。

总的来说,把日常生活,包括商业活动向线上过渡的过程是很轻松的,因为从心理上讲,普通中国消费者几年前就已经习惯线上的销售模式。最初只有城市居民在网上购物,后来这种趋势逐渐涵盖了整个中国。例如,2019 年上半年,中国农村地区电子商务零售总额达到 7771.3 亿元,比 2018 年同期增长 21.0%[12]。同时,根据麦肯锡的研究,超过 70% 的用户是通过移动设备进行购物的,而美国这一比例约为 31%[13]。

配送行业与食品消费的特点密切相关。通常,农历新年是食品消费增加和销售增长的时期,不仅是新鲜产品,还包括各种调味品,同时这一时期也是饭店和小餐馆的繁忙期。2020 年的这个期间,却没有发生任何类似的事情,食品生产和公共餐饮市场需求下降了。一切都发生得很突然并在整个 1 月至 2 月持续,直到 3 月才开始出现小幅上升。不仅整体需求发生了变化,而且销售形式也发生了变化:它们都已转入线上。电子商务在一定程度上拯救了这个市场。

传统的餐饮场所、小餐馆甚至更多的街头商店遭受的损失最为严重。大型连锁店也遭受了损失。外卖业务已成为该行业唯一的生存之道，但也受到人员短缺和再培训缓慢等因素的影响。

直到2020年1月，中国网上商品市场的交易量一直稳定增长，尽管增长缓慢。随着新冠病毒的出现以及卫生和政府机构施加的许多限制，更多消费者选择在网上购买新鲜食品。

通常在中国，人们认为外卖是送给那些独自吃饭的人的，多人聚餐时一般是一起去餐馆用餐。此外，通常超过85%的中国人每周至少在餐厅用餐一次[14]。但是在疫情期间，大多数餐馆都关门了，中国经历了线上送餐量的暴增。

根据美团的数据，2020年1月26日至2月8日期间2人份及以上餐食占比增加了31%，5人份及以上餐食占比增长了70%以上[15]。许多餐馆都推出了"非接触式"服务：客户通过电话或通过特殊应用程序下达订单进行订购，或者在"软隔离"的情况下，他们从自己喜欢的餐馆中取走现成的饭菜。

当外卖送餐员来找顾客时，食物的袋子上贴有一张带有最新体温测量值的小绿卡。食物以非接触方式进行转交。

新冠疫情的暴发极大地改变了中国的食品消费习惯。每个人都希望"非接触式"配送。例如，美团是中国最大的食品供应商之一，拥有约590万零售合作伙伴和约70万送货员。在2020年1月26日至2月8日，80%以上的客户都选择非接触式配送。据美团闪购数据显示，这两周内的超市类订单中，果蔬粮油类订单销售额比去年同期增长了4倍。该公司甚至报告说快递人员和服务人员短缺[16]。在所有非接触式采购订单中，9.1%的订单是在其他城市下的，而不是在送货地址所在地，很可能是一些顾客为身处异地的亲人、朋友和亲戚下的这些订单。

事实证明，中国的在线外卖市场是全球最大、增长最快的市场。同时，该市场最大的细分市场是"从平台到消费者的配送"。

量化宽松：中国传统的应对危机策略

乍一看，恢复经济活力的策略很简单：首先，经济增长应该借助内需，然后再回到扩大进出口业务和在国外收购外国公司的方式。这意味着首先需要向消费者"提供"金钱，包括信贷资金，以便他们尽可能积极地消费。这项政策本应一直持续到世界经济复苏和进出口业务恢复，但与此同时，面临一个重要问题，即世界贸易在稳步下降。考虑到一些主要的西方国家在3月和4月进行隔离，显然所有这些世界贸易指标都将在未来恶化。世界贸易组织WTO在2020年4月初预测，根据新冠疫情的严重程度，2020年世界贸易将下降13%~32%。所有这些都是在这样的背景下发生的：2019年商品贸易量已经下降了0.1%，2019年世界商品出口的美元价值下降了3%，降至18.89万亿美元。贸易将在2021年恢复，但这将取决于新冠疫情的持续时间和战略应对的有效性[17]。对于中国而言，这构成了威胁，即使不是至关重要的威胁，也仍然是极为严重的威胁，因为出口约占中国经济的五分之一。

与相当稳定的供应量相比，中国经济通缩压力的增加是需求下降的重要后果之一。实际上，在工厂关闭了几个月后，消费者价格指数CPI的通胀显然已经放缓。在这种背景下，中国显然有更多的货币刺激空间，但问题是这些工具是否能够推动人们增加消费。

2020年第一季度，中国通过发放低息贷款和发行各种票据和票证有条不紊地增加了货币总供应量（M2）。根据中国人民银行的数据，2020年1月，M2同比增长8.4%，2月同比增长8.8%，3月同比增长10.1%，4月和5月同比增长11.1%[18]。第一季度政府债券净融资1.58万亿元，同比增加了6322亿元。截至3月31日，全国各地发行新增专项债券1.08万亿元，同比增长63%。

中国显著增加了信贷总量——提供货币是为了维持较高水平的流动性。

最"经济有效的方式"对国家利益来说似乎并不总是最正确的。在危机期间，中美两国采用了不同的机制来稳定经济，这在刺激形式上也表现出不同的优先次序。美国主要通过降低美联储基准利率采取行动，而中国通过发放大量贷款，即中国实施了量化宽松政策，这一策略早在2008年就证明了其有效性；美国通过增加短期信贷刺激了经济，中国通过减少税收来发展消费市场。这些模式都不是通用的，但是它们很好地证明了方法上的差异。

对于美国而言，降低利率往往是比量化宽松更为强大的支持经济的手段，即在金融市场上购买证券，用以向涉及美联储和主要中央银行的系统注入流动性。显然，美国认为普遍降低美联储基准利率和贷款利率是有效的方法，因为这最终会影响短期和长期（例如最长10年）的任何贷款的利率。但是，许多贷款的期限很短，通常为3年或更短。在这种情况下，通过短期低息借贷，美国许多公司的借款人只会从中受益。

但是量化宽松，即以简单的方式增加信贷货币供应量的形式来分配大笔钱，通常会影响长期利率，即拿到长期钱的人会受益。因此，中国的贷款政策旨在长期支持经济，包括在中小型企业家间建立信心。对于美国而言，在短期内解决问题更为重要。

在2008年经济危机之后，中国采取了这一战略。随后，中国启动了总额4万亿元的刺激计划，其中包括对基础设施的大规模投资。

许多资金随后被用于建设新的基础设施：从国家高铁网到地铁、机场、高速公路和计算机系统的建设。在全球金融危机的背景下，2009年中国第一季度的GDP增长速度达到了6.1%，在某些省份、自治区、直辖市，例如贵州和内蒙古，增长了15%以上[19]。现在的重点是为21世纪开发5G网络和其他基础设施，这将需要数十亿元人民币。

按照中国人民银行的代表意见，2020年一季度中国货币政策传导效率约是美联储的10倍，每1元的流动性投放支持了3.5元的贷款增长。美联储投放了约1.6万亿美元流动性，结果仅产生了约5000亿美元的新贷款[20]。

中国确实已经开始向经济注入流动性，2020年第一季度新增贷款达到7.1万亿元，同比增加了1.29万亿元。到2020年第一季度，人民银行共投放约2万亿元用于维持流动性。3月底，社会融资规模存量达到262.24万亿元，同比增长11.5%，其中对实体经济发放的人民币贷款余额为158.82万亿元[21]。

在这种背景下，中国政府不惜以增加预算赤字来克服经济问题带来的后果。中国决定将中央政府的预算赤字目标定为占2020年GDP的3.6%以上，高于去年的2.8%，这为政府提供了更多增加支出的空间来应对疫情造成的损失。为此，中国政府设定了3.75万亿元的地方政府专项债券，高于2019年的2.15万亿元。政府还发行了1万亿元抗疫特别国债。这里有一个技巧：由于一般公共预算中不包括特别国债，因此其发行不会影响预算赤字占GDP比率的增加[22]。

全球负面预测背景下的中国

中国抗击新冠疫情的办法不能向全世界"开处方"，这种"药物"必须事先准备。一些事情显而易见，例如，整个城市甚至省份的迅速隔离，组织完善包括网上平台在内的商店供应，防止价格上涨和出现恐慌，迅速采取措施使国家摆脱经济停滞和为商业提供有效支持。这种对经济的严格集中管理，使得在最短的时间内转换为"动员"模式成为可能，例如，组织生产大量口罩、其他防护设施以及医疗设备。

中国投入了巨额资金的中医也发挥了作用，许多创新技术也行之有效，包括线上和云平台（包括国家通信系统）以及高科技初创企业的方案支持。

但是，还有更深层次的原因。政府和人民之间建立了高度的信任，这一点在危机时期尤其重要。这个根本原因比采取的任何单独措施都重要得多。

无论是从治愈人数还是从恢复自身经济的角度来看，中国都是第一个开始从疫情中恢复过来的国家。而这个秘密在于，还在"进入"危机之时，中国已经计划"走出"危机，即事先知道该如何行动。这类似于将患者引入人为的昏迷状态，这样他的身体更容易耐受疾病。中国政府同样将其产业引入了人为的"昏迷"状态，然后逐步将整个国家带出了"昏迷"状态。只有经验丰富的医生才能重复使用这种办法，因此世界上任何其他国家几乎都无法做到这一点。

显而易见，中国是第一个走出危机并再次确立发展趋势的国家。中国是唯一能在 2020 年 1—2 月暂停所有工商业活动的国家，这不仅是因为中国拥有巨大的"金融缓冲"，而且还因为那个时候中国已经在经济指标方面处于世界领先地位。其近年来的增长已经超过了全球总体增长。奇怪的是，中国比 2003 年非典时期更轻松地摆脱了新冠疫情危机，虽然牺牲了部分经济，但没有失去社会稳定。

现在，中国可以证明其社会模式和社会管理制度的可持续性，以及为科研和医疗集中强大资金的有效性。因此，中国虽有损失，但实现了超越，设法保存实力以迅速实现稳定。结果，中国避免了像美国在疫情暴发时那样的股市冲击。尽管中国也没有立即找到克服经济下滑的"黄金秘诀"，但这个国家始终能够对自己的错误做出迅速反应。由于政府的果断行动，中国无疑将成为不仅可以保持经济稳定，而且可以恢复经济增长的第一个国家，而在此时，世界其他地区则陷入了严重衰退。

在许多方面，这类似于 2008 年危机期间的反应，当时全球绝大多数经济体的增长跌至零以下，而中国尽管略有放缓，但显示 2009 年 GDP 增长 8% 以上，所有其他主要经济体均显示负增长。然后中国"用现金充斥了危机"，即进行了巨额投资，使国内市场不再停滞，行业不断发展，人们去购买商品。

与 2008—2009 年的危机有所不同，此次中国政府将不计划进行更大规模的新投资支出。遵循现有的基础设施建设发展投资计划就已足够，包括建设超大功率电力网络[23]、高速铁路和 5G 网络，同时采取措施恢复经济和就业，例如补贴和税收减免。在预算赤字占 GDP 的 2.8% 的情况下，中国当然可以负担得起这些措施的支出。

其中许多措施都是事先采取的，与新冠疫情无关。例如，由于承诺减税和增加基础设施支出，中国于 2019 年 3 月上调了 2019 年预算赤字目标，这本应阻止经济增长放缓。赤字率从 2018 年的 2.6% 提高到 2.8%，提供了更多的财政灵活性来刺激政府支出。对企业和个人的税收减少了 2.3 万亿元以上，比 2018 年的 1.3 万亿元有所增加。政府已将制造业等行业的增值税税率从 16% 降低到 13%，交通运输业和建筑业等行业的增值税税率从 10% 降低到 9%。小规模纳税人增值税起征点从月销售额 3 万元提高到 10 万元，即一些企业免征增值税。中国还将雇主必须为每名雇员支付的养老保险缴费率从 19%~20% 降至 16%[24]。

总的来说，已经采取的这些措施，加上大量摆脱经济"停顿"的补充办法，中国足以重新"启动"市场。

当时的局势是衍生出的综合性危机，不仅发生在经济领域，也出现在全球互动和未来创意观念体系中。

截至 2020 年 3 月末，中国的外汇储备（世界最大）环比下降了 460.85 亿美元，至 3.0606 万亿美元。

中国国家外汇管理局新闻发言人说，储备下跌主要受汇率折算和资产价格变化等因素影响。

2020 年 1—3 月，银行代客累计涉外收入和累计对外付款分别为 9159 亿美元和 9467 亿美元，形成了 307 亿美元的累计赤字，使经济承受了巨大压力。1—2 月，中国国际收支口径的国际货物和服务贸易逆差 2626 亿元[25]。但是，3 月份已经出现了约 138 亿美元的顺差[26]。

随着隔离的解除，为了推动经济的发展，中国加大了对财政和货币政策的支持力度。2020 年 4 月，央行对中小银行定向降准，共释放长期资金约 4000 亿元。

就在新冠疫情暴发之前，中国的经济增速已经"缓慢"下行，这种情况在过去的 10 年中一直持续。在 2019 年第一季度，GDP 同比增长 6.4%，第二季度同比增长 6.2%，第三和第四季度分别为 6%，这是自 1992 年从中国开始发布季度数据以来的最低增长率。从理论上讲，增长放缓至少会在 2020 年继续，甚至可能在没有任何疫情的情况下进一步加剧。但是，在整个全球经济放缓的背景下，正是新冠疫情改变了力量均衡。

显而易见，中国在加强进出口业务及其对世界贸易的影响方面看到了中国的未来发展。实际上，由于中国比其他国家更早地摆脱了疫情，因此有时间储备来培育对外贸易，并为企业向国外市场的新突破做好准备。显然，在世界范围内供应链中断，并且贸易基础设施遭到破坏的情况下，这是无法做到的，但是很明显，首先提供成品和现成的贸易与物流模式的一方将获得更大的收益。

在危机期间，"一带一路"基础设施的效率实际上降到了零，因为许多贸易活动被迫停止，同时还支付了之前承担义务的部分费用，但是在将来，这个现成的平台理应成为新一轮中国商品出口海外，以及用最需要的进口商品来填补中国市场的新通道。

未来将会怎样？即使是现有的经济结构，也给了中国在高科技领域进行创新的机会，包括大数据系统、人工智能、物联网和工业互联网。

更新的情景显示，新冠疫情对经济的影响比以前预计的更大。

赢家将是能够迅速恢复其国内经济并提供出口贸易和服务的国家。亚洲（首先是中国）的生产将在2020年下半年增长，并从2021年开始恢复以前的增长方式，这反过来将加深中国融入全球技术供应链。而且，新冠疫情成为对中国各种平台的压力试剂，一切并没有崩溃也没有停滞，这是中国技术生存能力的最佳广告。

在因新冠疫情导致的全球经济体系全面崩溃的情况下，中国扮演着"经济稳定之岛"的角色，获得了更高的得分，并成为发展中国家和发达经济体更具吸引力的参照。

经济复苏的开始

经济的"反弹"主要始于 4 月中旬。4 月上半月,发电量同比增长了 1.2%,而之前 3 月的发电量同比下降了 4.6%,整个第一季度全国规模以上工业发电量同比下降了 6.8%。全社会用电量在 2 月同比下降了 10.1% 之后,3 月同比下降了 4.2%,到 4 月的前 10 天同比增长了 1.5%。

根据乘联会的数据,2020 年 3 月中国乘用车销量比去年同期下降了 40.8%,至 108 万辆。但是特斯拉公司 3 月在中国售出 10160 辆汽车,是世界上最大的汽车市场上最高的月度销量[27]。4 月,汽车销量同比增长 4.4%。

2020 年 1—2 月,中国的社会消费品零售总额同比名义下降了 20.5%,而 3 月的复苏慢于预期。我们可以看到,3 月中国零售业的复苏速度低于预期,社会消费品零售总额同比下降了 15.8%。为了解决这个问题,中国允许地方政府发行消费券,引导消费者恢复正常消费。

到 3 月初,非优先商品的支出增加是经济开始复苏的良好迹象。在经历了过去 30 年中最大的 2 月跌幅之后,2020 年 3 月,大公司的产量显著增加,房地产销售也恢复了。在为期 3 天的清明节假期期间(2020 年 4 月 4 日—6 日),携程酒店订单量环比增长了 60%。另外,根据电子商务网站拼多多[28]的数据,在线零售订单也显著增长。此外，地方政府和零售商也发行折扣券以促进零售[29]。在积极的折扣和在线促销的推动下，化妆品的在线销售也开始猛增。

5月，旅游、休闲和文化行业的企业尽力谨慎而持续地将生产活动恢复到正常状态。中国于5月1日庆祝了节日——国际劳动节，这是自解除封锁以来首个全国性节日，内部旅行限制也有所放松。

2008—2018年，中国的"五一"假期为3天，2019年为4天。2020年，中国把"五一"假期调整到5天，以鼓励更多的旅行，目的是增加消费支持国内市场增长。尽管旅游业恢复迅速，但其大部分增长仍受到健康和安全措施的限制。2020年4月13日，文化和旅游部以及国家卫健委发布通知，要求景点在节假日期间的接待游客量不得超过核定最大承载量的30%[30]。

健康码检查、非接触式旅客通行证和旅客流量监控已成为热门旅游目的地的一种惯例。例如，云南的一个旅行应用程序使用大数据和云技术来监测，如果达到各处设施的允许容量上限，就会自动停止出售当天的门票。同样，在武汉，微信上的一个特殊小程序实时监控和分析著名景点的旅客流量，并警告旅客避免超过建议的游览次数，还在必要时限制旅客流量。

2020年的"五一"假期，大多数游客选择在自己的家乡附近或周边做短途旅行。

到5月1日假期之前，全国近70%的旅游景点已经开放。在经过3个月的限制后，许多大型景点（例如北京故宫）首次向公众开放。根据文化和旅游部的数据，5月1日—5日，全国共计接待国内游客1.15亿人次，国内旅游收入达到475.6亿元[31]。

节假日首日，全国各地的旅游景点共接待国内游客 2320 万人次，国内旅游收入约 98 亿元。

5 月 1 日—5 日，国家铁路总共运送了 2847.7 万人次。至于道路旅客运输方面，在假期期间，全国道路客运量约为 8614 万人次，日均道路客运量为 1722.8 万人，比 2019 年 5 月的日均道路客运量减少 49.9%[32]。

然而，在 6 月，旅游业再次受到打击：在中国人钟爱的传统节日端午节 3 天假期期间（2020 年 6 月 25 日—27 日），由于中国北方出现了新一波新冠疫情，在中国南部省份发生了洪水，许多人选择避免在此期间去旅行，旅游业收入下降了近 70%。在此期间，全国累计接待国内游客 4880.9 万人次。根据文化和旅游部的数据，最终旅游收入与去年同期相比下降了 69%，约为 123 亿元[33]。

尽管如此，中国仍然有条不紊地继续为国内市场"加温"，政府认为这是经济快速复苏的保证。为了刺激国内市场，地方政府发放了特别购物券，在购买一些商品时可以使用，实际上，他们在不增加货币供应量的情况下将等量的现金"注入"了经济。到 4 月初，中国 16 个省的近 50 个城市已发行了优惠券，可用于参与活动的餐厅、商店、旅游、文化和娱乐场所。

许多城市甚至承诺在未来两到三个月内发行多个系列的优惠券，这可以建立消费者的信心。刺激零售消费的任务主要落在地方政府身上，大企业也参与了这一过程。

优惠券实验在多个领域进行，并且实施方法各有不同。例如武汉市从 4 月 19 日起陆续向全体在汉人员发放"武汉消费券"，发放日期将持续到 7 月 31 日，消费券发放的总价值为 5 亿元[34]，可用于餐馆、购物中心、超市、便利店，还可用于文化、体育和旅游活动等。此外，针对收入较低的人群还发放了1800万元的专用消费券。截至4月20日23:59，26000多张消费券被使用，累计在2506个商家消费享受优惠。在4月19日的领券活动中，年龄在50岁以上的用户占27%，年龄在30岁以下的用户占22%，年龄在30~39岁的用户占30%，而年龄在40~49岁的用户占21%。

阿里巴巴、美团点评和腾讯还提供了总计18亿元的优惠券，可与政府的优惠券一起使用[35]。

杭州市政府于4月20日发放第5轮杭州电子消费券，发放卡包总数150万个，每个卡包总价值50元[36]。消费券自4月21日起有效期为7天，到期后即失效。全体在杭人员都可领取，每人每周仅限领取一次。消费者可以通过在支付宝上搜索"杭州"进入"杭州消费券"页面来购买消费券。这些优惠券可用于快餐店、加油站等场所。截至4月16日24:00，杭州已兑付政府补贴3.21亿元，消费增加了34.22亿元[37]。

许多商家同时发行了自己的优惠券，以促进销售并提高客户忠诚度，2020年3月27日杭州市政府发放的消费券，商家匹配优惠额度11.8亿元左右。此外，自3月下旬起，浙江省鼓励公司每周给工人额外半天的带薪休假，以便他们可以利用自己的空闲时间购物[38]。政府试图通过这些激励措施迅速达到先前的消费水平并恢复消费市场。

提振有前景的行业

最终，从新冠疫情中恢复全球经济取决于世界各地政府遏制疫情的能力，然后取决于外部和内部市场开放开展业务的速度。如果新冠疫情引发经济危机，经济复苏将始于全球有效的公共卫生应对措施。

在克服2020年第一季度的经济下滑时，中国领导人采用了几种刺激经济的形式。首先，每个行业根据下降的幅度制定自己的策略；其次，引入了一般性的激励措施，包括许多减税措施，建立新的特区以及对中小企业进行扶持；最后，中国不仅努力向经济注入大量流动性，而且将其引导至那些可以作为远景战略进一步发展的项目，包括IT行业的激励措施。就是说，中国并不仅仅在"修补漏洞"，而且创造了更多的增长点。

尽管新冠疫情显著改变了中国的短期经济目标，但政府仍保留了雄心勃勃的中期目标。中国的中长期战略计划都没有被取消。

同时，中国领导人认为农村地区的振兴不仅是扩大耕地，还需要引入新技术，包括促进对5G、物联网、人工智能和工业互联网等新基础设施的投资，以及增加货运量、水资源保护，扩大对能源和其他行业的投资，这将补充农村基础设施并解决公共服务不足的短板，以解决发展不平衡和欠发达的问题。

甚至在疫情开始缓解之前，政府就已经制定了许多恢复经济的措施，这是经济从低迷中复苏的最重要因素。在2020年1月和2月武汉疫情最严重的时候，中央政府已经要求地方政府制订"新型基础设施建设"的经济振兴计划。正是"新基建"的构想构成了所有"重启"经济的主要措施的基础：不仅是"恢复"旧部门，还启动发展新行业，主要是高科技项目的开发。

截至3月1日，包括北京、河北、山西、上海、黑龙江、江苏、福建、山东、河南、云南、四川、重庆、宁夏等13个省（区、市）发布了2020年重点项目投资计划清单。这份投资清单共包括10326个项目，其中8个省份公布了计划总投资额，共计33.83万亿元；另有8个省份公布了年度投资额，合计约2.79万亿元。尚未公布项目投资计划的地区，正在加快谋划储备一批重大工程项目。如安徽要求各地抓紧申报2020年省重点项目投资计划，贵州要求各地于2月14日前报送第一批储备项目[39]。

新基础设施的重点是人工智能和云技术的开发。中央政府利用新一波投资来对5G网络、大数据、云计算、机器人技术、电动汽车、新材料、"绿色"技术和人工智能等先进领域的基础设施进行现代化改造。同时，基于5G平台的工业、商业以及信息和通信技术（ICT）已经在多个省份和许多城市推出。

因此，中国克服经济衰退的最重要策略不是简单的"发钱"，而是通过引入激励措施和税收优惠来启动新的基础设施项目。

尽管分配了大量资金，但对创建新结构来说还远远不够。与对传统基础设施项目支出的数万亿元成本相比，"新基础设施"的规模太小。根据工业和信息化部的数据,在未来 8 年中,国内对 5G 的投资总额将达到 1.5 万亿元。因此,在 2020—2021 年,运营商在 5G 方面的总投资额只会有 2000 亿~3000 亿元[40]。

中国从经济下滑中复苏的速度至关重要。国家主席习近平于 2020 年 3 月 29 日至 4 月 1 日在浙江考察时强调,统筹推进疫情防控和经济社会发展工作,奋力实现 2020 年经济社会发展目标任务[41]。

早在 3 月 3 日,国务院总理李克强主持召开国务院常务会议,部署完善"六稳"工作协调机制,有效应对疫情影响促进经济社会平稳运行。"六稳"即稳就业、稳金融、稳外贸、稳外资、稳投资和稳预期[42]。

2020 年 4 月 7 日,国务院总理李克强主持召开国务院常务会议,推出了新的稳定贸易和促进投资的措施,以减轻新冠疫情的影响[43]:决定建立 46 个新的跨境电商综合试验区,对加工贸易保税料件或制成品内销,年底前暂免征收缓税利息,并将部分已到期的税收优惠政策延长至 2023 年底。

汽车工业是受疫情冲击最严重的行业之一,2020 年的前 3 个月,中国汽车总销量与去年同期相比下降了 42.4%。激励该行业的一种重要形式是采取措施支持受到新冠疫情严重打击的"新能源汽车"的创新产业。由于工厂关闭和消费活力下降,新能源汽车销售额实际下降。鉴于这种情况,中国政府扩大了原定于 2020 年到期的税收减免和补贴,并宣布可能进行新的投资以刺激新能源汽车市场长期发展。

同时,中国是世界上最有发展前景的新能源汽车市场之一。它现在已经是世界上最大的新能源汽车市场,2019 年在国内市场销售了120多万辆新能源汽车,政府制订了雄心勃勃的下一步增长计划,计划到2025年,新能源汽车新车销量占比达到25%左右。为实现这一目标,政府宣布,在采购公务用车时,将优先考虑购买新能源汽车。

4月16日,财政部、国家税务总局及工业和信息化部发布了《关于新能源汽车免征车辆购置税有关政策的公告》[44]。从2021年1月1日至2022年12月31日,消费者在购买新能源汽车时可以免缴车辆购置税。实际上,该公告将当前购买新能源汽车的免税期再延长了,因为该免税额本将于2020年底到期。

此外,中国将在2020年将电动汽车补贴削减10%,在2021年削减20%,在2022年削减30%。根据2015年最初宣布的计划,政府在2020年就应已完全取消对电动汽车的补贴,但这个计划由于新冠疫情的出现而发生了改变。除了减少补贴本身之外,补贴政策现在将仅适用于获得补贴前价格在人民币30万元以下的乘用车,从而让豪华车退出补贴范围。

外贸复苏

2020年3—4月,外国直接投资开始积极返回中国,规模虽然没有达到危机前的水平,但趋于稳定增长。2020年前4个月,中国实际使用外资2865.5亿元人民币,同比下降6.1%。

仅在2020年4月,中国实际使用外资就同比增长了11.8%。

1—4 月，高技术产业实际使用外资同比增长了 2.7%。其中，信息服务同比增长了 46.9%，电子商务服务同比增长了 73.8%，专业技术服务同比增长了 99.6%。但在 2020 年 3 月，中国实际使用外资同比下降 14.1%。在"疫情前"的 2019 年 12 月，中国的外国直接投资额为 13.671 亿美元，2020 年 1 月就降至 1.268 亿美元，2 月增至 1.942 亿美元，3 月则增至 2.1619 亿美元。

1—4 月，来自"一带一路"沿线国家的投资同比增长了 7.9%，而东盟国家的投资同比则增长了 13%。同时，来自欧盟国家的投资同比减少了 29.1%。

尽管如此，2020 年第一季度，中国的进出口总额与 2019 年同期相比下降了 6.4%，为 6.57 万亿元。其中，出口 3.33 万亿元，下降 11.4%，进口 3.24 万亿元，下降 0.7%。贸易顺差比 2019 年第一季度减少 80.6%[45]。

在中国疫情过后的复苏中，恢复进出口业务的活力起了至关重要的作用，并针对欧洲市场的复苏预期，采取了许多面向未来的措施。例如，中国政府已经在 4 月欧洲疫情高峰期表达了他们希望增加中欧线路货运量的愿望。2020 年 4 月 3 日，商务部印发《进一步发挥中欧班列作用应对新冠肺炎疫情做好稳外贸稳外资促消费工作的通知》，《通知》中提到："因地制宜，确保中欧班列运力优先用于保障产业链出现脱节的生产企业尽快恢复供应和订单生产、帮助受疫情影响较大的外贸企业恢复进出口业务[46]。"

另一措施是降低进出口关税。自 2020 年 1 月 1 日至 3 月 31 日，实行更优惠的进口税收政策，适度扩大《慈善捐赠物资免征进口税收暂行办法》规定的免税进口范围，对捐赠用于疫情防控的进口物资，免征进口关税和进口环节增值税、消费税。进口物资增加试剂、消毒物品、防护用品、救护车、防疫车、消毒用车、应急指挥车[47]。

出口关税也发生了变化。商务部在3月17日的公告（于3月20日生效）中对1464种出口产品提高了税收优惠幅度[48]，使这些产品出口的企业获得了更高的退税率。在1464种产品中，1084种获得了13%的出口退税率，其中包括陶瓷洁具、石化产品（例如乙烯、丙烯和乙二醇）和不锈钢轧制产品。另有380种商品享受9%的退税率，包括牲畜、新鲜或冷冻的肉以及其他食品（蛋、坚果、蔬菜、水果）。

2020年3月10日，国务院总理李克强主持召开国务院常务会议，会议指出，对除"两高一资"外所有未足额退税的出口产品及时足额退税；引导金融机构增加外贸信贷投放，落实好贷款延期还本付息等政策，对受疫情影响大、前景好的中小微外贸企业可协商再延期[49]。

此外，为了企业恢复正常运行和生产，对迫切需要进口的关键材料、零件、设备和其他产品，还下令通过"绿色通道"保障快速通关。

对支持外贸行业的企业，如港口互连和公路运输等企业，给予优先关注以保障供应链的平稳运行。

第三章 新冠肺炎疫情：中国经济面临的挑战与对策

新冠肺炎疫情背景下的"一带一路"倡议

中国国家主席习近平在 2013 年 9 月和 10 月访问哈萨克斯坦和印度尼西亚期间，先后提出了共同建设"丝绸之路经济带"和"21 世纪海上丝绸之路"（简称"一带一路"）的重大倡议。

2015 年 3 月 28 日，国家发展改革委、外交部、商务部联合发布了《推动共建丝绸之路经济带和 21 世纪海上丝绸之路的愿景与行动》。

中国对这个方案的理解是建立一个庞大的包括铁路、能源管道、高速公路和有序的过境点的网络，既覆盖向西多山的前苏联国家，也覆盖向南的巴基斯坦、印度和东南亚其他地区。同时通过建立金融平台消除亚洲联系的瓶颈[50]。

中国为宣传该方案在国内投入了大量资金；世界各地每年举行多次"一带一路"会议，其中一些由中方资助。大学甚至为此项目开设了单独的课程，出版了数十本图书。总的来说，中国做出了很大的努力，让全世界了解"一带一路"积极的一面。

美国呼吁孤立、划定边界、实行"制裁"政策，即走向封闭、去全球化的世界，而中国则谈论开放、自由、非制裁的市场准入。美国在疾言厉色地破坏或停止支持许多国际组织，而美国曾是这些组织的创建者之一。例如，特朗普政府已不再支持建立跨太平洋伙伴关系，该伙伴关系旨在对抗中国日益增长的影响力；不再支持联合国教科文组织；而在2020年，特朗普政府还严厉批评世卫组织，指责世卫组织与中国的关系太紧密。

相反，中国已成为包括上海合作组织、金砖国家和"一带一路"在内的许多一体化倡议的推动者。习近平提出"人类命运共同体"，与特朗普"美国优先"的口号形成了鲜明对比。2017年1月，习近平在达沃斯论坛上发表演讲时说："搞保护主义如同把自己关进黑屋子。"同时，他强调了"经济全球化"的必要性[51]。

2017年5月，首届"一带一路"国际合作高峰论坛在北京召开。2018年中国还举办了博鳌亚洲论坛[52]年会、上海合作组织青岛峰会、中非合作论坛北京峰会和中国国际进口博览会[53]。

"一带一路"倡议通常是通过几条运输通道的形式实施的，其中最大的通道是欧亚通道。此外，还有一些区域性通道，例如中国—巴基斯坦—阿富汗，中国—蒙古国—俄罗斯。

《推动共建丝绸之路经济带和21世纪海上丝绸之路的愿景与行动》方案突出了5个合作重点[54]：

1. 政策沟通。
2. 设施联通。
3. 贸易畅通。
4. 资金融通。
5. 民心相通。

2019年1—8月，中国与"一带一路"沿线国家的贸易额同比增长9.9%，占全国进出口贸易总额的29%。

根据中国商务部的数据，2020年第一季度中国的进出口总额同比下降 6.4%。在此期间，与美国、欧盟和日本的贸易分别下降了 18.3%、10.4% 和 8.1%。相比之下，第一季度，中国与"一带一路"沿线国家的贸易增长了 3.2%，尽管增速低于 2019 年全年的 10.8%。

2019 年 9 月，商务部副部长钱克明表示，中国企业在"一带一路"沿线国家的总投资超过 1000 亿美元，沿线国家对中国的投资也达到 480 亿美元。中国常驻联合国副代表吴海涛大使在第 74 届联大二委一般性辩论上的发言中提到，中国已经与 160 多个国家和国际组织签署了 190 多份合作文件，同有关国家共同建设了 82 个境外合作园区，为当地创造超过 30 万个就业岗位。

许多国家借助"一带一路"真正获得了新的发展机遇，特别是中亚、中欧和东欧国家。

尽管新冠肺炎疫情引起了经济动荡，但中国计划继续在"一带一路"相关国家进行投资。2020 年第一季度，中国企业对"一带一路"相关 52 个国家非金融类直接投资 42 亿美元，同比增长 11.7%[55]。

2020 年第一季度，对外承包工程新签大项目数量有所增加。新签合同额在 5000 万美元以上的项目 187 个，较上年同期增加 10 个，合计 457.4 亿美元，占新签合同总额的 82.6%。其中上亿美元项目 114 个，较上年增加 22 个。

根据中国商务部的数据，2020 年的前 4 个月，中国企业在"一带一路"沿线对 53 个国家非金融类直接投资 52.3 亿美元，同比增长了 13.4%。

2020 年 6 月 18 日，习近平向"一带一路"国际合作高级别视频会议发表书面致辞。他再次回到需要团结合作的想法,并说:"各国命运紧密相连,人类是同舟共济的命运共同体[56]。"

对新经济区发展的激励措施

早在 2019 年 1 月,中国就打算扩大在综合保税区的商业活动和服务范围[57]。自 1990 年以来,中国已经建立了 6 类海关特殊行政区,包括"综合保税区"。2018 年的前 11 个月内,中国 140 个海关特别行政区,包括 96 个综合保税区的进出口总额达到 4.7 万亿元,比 2017 年同期增长 12.3%。它们占中国进出口总额的 16.8%。

政府决定将疫情后恢复进出口业务的支撑点放在"海关综合监管区"或者"综合保税业务区"(简称"综保区")。

根据中华人民共和国海关总署的数据,2019 年中国通过综保区的进出口总额达到 2.9 万亿元,同比增长 11.9%,进出口增幅比全国外贸增幅高 8.5 百分点,对中国外贸增长的贡献度达 30%[58]。

从 2019 年初开始,保税区的业务范围有了新的拓展。2019 年 1 月 25 日,中国政府发布了《国务院关于促进综合保税区高水平开放高质量发展的若干意见》,该《意见》的目的是推动综合保税区发展成为具有全球影响力和竞争力的"五大中心":加工制造中心、研发设计中心、物流分拨中心、检测维修中心以及销售服务中心[59]。《意见》总共宣布了 21 项措施。

新冠肺炎疫情迫使许多外国公司考虑替代中国方案，以免"把所有鸡蛋都放在一个篮子里"，并在自然或人为灾难发生时提供备用方案。许多驻华的美国公司，在意识到庞大的中国市场的重要性而没有正式将对华关系搞僵的同时，也决定将部分生产转移。越南、马来西亚、柬埔寨，尤其是印度是很好的选择，这些国家采取了许多刺激措施来吸引外国投资。就连对庞大的中国市场非常重视，并且很长一段时间甚至向中国政府做出让步，应政府的要求从苹果商店 AppStore 中删除了许多程序的苹果公司也决定将部分生产转移至印度。2020年，苹果管理层研究了将近五分之一的产能从中国转移到印度的可能性，该公司利用印度出台的产能激励方案的优势，计划在5年内生产价值高达400亿美元的 iPhone 手机用于出口，这些手机通过其合同生产商 Wistron 和 Foxconn 制造。

应当指出，印度本身并不是苹果的重要市场，在这里每年苹果公司的手机销售额约为15亿美元，市场占有率为2%~3%，而在印度本土生产的苹果产品不足5亿美元。但是在中国，苹果在2018—2019年生产了价值2200亿美元的商品，其中出口了1850亿美元的产品，约480万人直接或间接从事生产工作[60]。

为了保持业务发展并为本地企业和外国投资者创造特殊条件，中国已开始积极创建新的特殊区域并扩大其活动范围。2019年12月24日，中华人民共和国国务院发布《关于同意在石家庄等24个城市设立跨境电子商务综合试验区的批复》[61]。24个城市为石家庄、太原、赤峰、抚顺、珲春、绥芬河、徐州、南通、温州、绍兴、芜湖、福州、泉州、赣州、济南、烟台、洛阳、黄石、岳阳、汕头、佛山、泸州、海东和银川。

新的综合试验区需要为跨境电子商务零售出口提供增值税和消费税的税收优惠。这些区域内企业的企业所得税率为4%。在许多情况下，根据《中华人民共和国企业所得税法》第二十六条，企业还可以享受免缴企业所得税的优惠。

总的来说，政府决定助力发展跨境电子商务。对于中国而言，使用领先的电子交易平台进行的此类贸易是进出口交易的重要形式。海关总署数据显示，2019年，中国跨境电商零售进出口额达到1862.1亿元[62]。政府建议企业共同建造和使用海外仓（在国外建立用于存储出口货物的批发仓库，并通过互联网平台出售货物后将货物直接交付给国外的消费者）。

2020年2月25日，即在疫情最严重的情况下，中国海关总署出台了支持综保区的其他措施[63]。内容包括：

创新海关监管模式，对应用企业资源计划（ERP）、仓库管理系统（WMS）等管理系统且具备海关监管条件的区内企业，实施网上监管。

对申请高级认证企业的区内企业，加快认证进程，帮助更多区内企业成为海关"经认证的经营者"（AEO）企业。

在区内大力推动"互联网＋保税"监管，区内企业向海关申请注册登记、备案或变更的，海关实行网上办理。

2020年4月7日，国务院常务会议决定在现有的59个跨境电商综合试验区的基础上新建46个跨境电商综合试验区，中国的跨境电商综合试验区总数由此达到105个，它们分布在30个省（自治区、直辖市）[64]。

2020年4月21日，在上海浦东新区的金桥综合保税区正式挂牌。在仪式上，许多新项目被宣布，涵盖汽车零部件、物流中心、新能源和5G智能工厂，预估5年后带动产值约350亿元。早在2018年11月，国务院批准将金桥出口加工区升级为综保区[65]。这样一来，上海有5个综保区，分别是：松江综合保税区（2018年10月揭牌）、漕河泾综合保税区（2019年3月揭牌）、奉贤综合保税区（2019年3月揭牌）、青浦综合保税区（2019年12月揭牌）和金桥综合保税区（2020年4月揭牌），所有这些区都已从出口加工区转变为综合保税区。

推进复工复产

2020年3月4日，中华人民共和国国务院发布了关键性文件《国务院办公厅关于进一步精简审批优化服务精准稳妥推进企业复工复产的通知》[66]，以应对新冠肺炎疫情带来的后果。

通知中要求各省（区、市）按照最少、必需原则制定复工复产条件，优化复工复产办理流程。政府还特别提到了扩大在线服务，以减少人们获取各种服务的排队时间。

2020年4月9日发布的《中央应对新型冠状病毒感染肺炎疫情工作领导小组关于在有效防控疫情的同时积极有序推进复工复产的指导意见》中提到，要常态化防控与应急处置相结合，积极有序地推进复工复产，确保人员流动有序畅通。

对中小微企业和个体工商户的优惠

从一开始，中国政府在面对这种流行病时，便积极为中小企业提供支持。从下面的措施可以看出，这些支持不是直接向中小企业"发钱"，而是尽量减税、以低利率提供贷款、帮助组织在线交易等。

2020年2月1日金融系统的通知中提到，保持合理、充足的流动性，加大货币信贷支持，加大对疫情防控领域的信贷支持，为疫情严重的地区、行业和企业提供差异化优惠的金融服务。同时，指示国家开发银行、进出口银行和农业发展银行"结合自身业务范围，加强统筹协调，合理调整信贷安排"[67]。

2020年2月9日，工业和信息化部发布了一份特别通知，其中列出了20项措施，以帮助中小型企业复工复产。通知中说："积极推动运用供应链金融、商业保理、应收账款抵质押、知识产权质押等融资方式扩大对中小企业的融资供给……加快推进股权投资和服务。"通知还建议增加信贷支持："各地要主动加强与金融机构的对接，推动金融机构对有发展前景但受疫情影响暂遇困难的中小微企业适当下调贷款利率，增加信用贷款和中长期贷款……充分发挥专项资金对发展地方性中小企业的作用。在有条件的地区，可以设立特殊援助资金，以加大对受到疫情严重影响的中小企业的支持。鼓励各地区根据当地中小企业受疫情影响的实际情况降低税费和行政费用,并协助对物业租赁费用实行减免、阶段性缓缴或适当返还社保费、延期纳税和降低生产成本"[68]。

对向小微企业、个体工商户和农民提供不超过人民币 100 万元贷款的金融机构免征利息收入的增值税。

对小贷公司 10 万元及以下农户贷款的利息收入免征增值税,在计算应纳税所得额时,按 90% 计入收入总额,对其按年末贷款余额 1% 计提的贷款损失准备金,准予所得税税前扣除[69]。

2020 年 2 月 25 日,国务院发布了另一批扶持小型企业的措施,要求银行暂时推迟符合条件、流动性遇到暂时困难的中小微企业偿还本金的期限。他们的利息支付可以延期至 6 月 30 日,免除罚款。为支持个体企业复工复产,建议从 2020 年 3 月 1 日至 5 月 31 日对湖北省小规模纳税人免征增值税,对湖北省外小规模纳税人的税率由 3% 降低至 1%;降低失业保险和工伤保险等的缴费;引导银行以零利率向个体工商户发放贷款;将非高能耗行业的工商业企业的电价降低 5%;鼓励各地通过减免城镇土地使用税等方式,支持出租方为个体工商户减免物业租金[70]。

2020 年 2 月 28 日,中国财政部和税务总局根据国务院 2 月 25 日的指示发布了一项新政策:从 2020 年 3 月 1 日至 5 月 31 日,对湖北省增值税小规模纳税人,适用 3% 征收率的应税销售收入,免征增值税;其他地区的增值税小规模纳税人,适用 3% 征收率的应税销售收入,减按 1% 征收率征收增值税[71]。

2020 年 3 月 1 日,相关部门对中小微企业的贷款实行延期还本付息。受新冠肺炎疫情影响的中小型企业和微型企业,包括小企业主和个体工商户,可以向银行申请延期偿还本金和利息，期限为 2020 年 1 月 25 日至 6 月 30 日。此期间不受处罚。湖北省的所有企业都适用这一决定[72]。

3 月 2 日，还出台了 12 项措施来减轻新冠疫情对个体工商户的影响。有雇工的个体工商户可以享受社保费用单位缴费减免和缓缴政策。此外，对受疫情影响无法按时办理参保登记的个体工商户，允许其在疫情结束后补办登记，不影响参保人员待遇。

对销售农副产品、日常生活用品或者个人利用自己的技能从事依法无须取得许可的便民劳务活动的个体经营者，特别是在疫情期间从事群众基本生活保障的零售业个体经营者，依法可免于登记[73]。

2020 年 4 月 30 日，中国财政部和税务总局宣布将小规模纳税人的增值税优惠政策延长至 2020 年 12 月 31 日。

减税政策

对于中小型企业来说，从银行获得的低息贷款是复工复产的动力源。3 月，中国新增人民币贷款 2.85 万亿元，约是 2 月增加的人民币贷款 9057 亿元的 3 倍[74]。人民银行已注入大量流动资金并削减了融资成本，以支持被新冠疫情摧毁的经济。

1 月 30 日税务部门就已发布了通知，内容涉及积极扩展网上纳税服务以及延长纳税申报期限的问题[75]。

根据《支持疫情防控和经济社会发展税费优惠政策指

引》[76]，受疫情影响较大的困难行业企业 2020 年度发生的亏损最长结转年限延长至 8 年；阶段性减免增值税小规模纳税人增值税；阶段性减免企业养老、失业、工伤保险单位缴费；阶段性减免以单位方式参保的有雇工的个体工商户职工养老、失业、工伤保险；出租人减免服务业小微企业和个体工商户房屋租金可按规定享受房产税、城镇土地使用税减免优惠。

3 月 30 日，将企业 2020 年 4 月纳税申报截止日期从 4 月 20 日延长至 4 月 24 日，针对湖北省可再延长纳税申报期[77]。在此之前，2019 年的代扣代缴、代收代缴和委托代征税款手续费申报期限已从 2020 年 3 月 30 日被延长至 2020 年 5 月 30 日[78]。

2020 年 2 月 28 日发布的《国家发展改革委办公厅关于做好疫情防控重点保障物资生产企业名单管理有关工作的通知》中提到，对疫情防控重点保障物资生产企业为扩大产能新购置的相关设备，允许一次性计入当期成本费用在企业所得税税前扣除[79]。

同时个人所得税也减少了。自 2020 年 1 月 1 日起，发给个人用于预防新冠肺炎的药品、医疗用品和防护用品等实物，不计入工资，免征个人所得税[80]。

捐赠税也降低了。根据 2020 年 2 月 6 日的公告，企业和个人通过公益性社会组织或者县级以上人民政府及其部门等国家机关，捐赠用于应对新冠肺炎疫情的现金和物品，允许在计算应纳税所得额时全额扣除。企业和个人直接向承担疫情防治任务的医院捐赠用于应对新型冠状病毒感染的肺炎疫情的物品，允许在计算应纳税所得额时全额扣除。

单位和个体工商户将自产、委托加工或购买的货物，通过公益性社会组织和县级以上人民政府及其部门等国家机关，或者直接向承担疫情防治任务的医院，无偿捐赠用于应对新冠肺炎疫情的，免征增值税、消费税、城市维护建设税、教育费附加、地方教育附加[81]。

2020年5月22日，国务院总理李克强在第十三届全国人民代表大会第三次会议上宣布，政府将继续为企业降低增值税率和养老保险费率。2020年初出台的减税政策于6月前到期，延长至年底。它包括对中小微型企业免征养老、失业和工伤保险的单位缴费，以及减少或取消小规模纳税人的增值税。小微企业以及个体工商户的所得税支付推迟至2021年[82]。

石油危机和中国经济复苏的"窗口期"

在新冠肺炎疫情和经济放缓的背景下，另一个问题出现了：石油价格迅速下跌。

从理论上讲，这种情况总体上对中国极为有利，因为中国能够在廉价石油的背景下恢复其经济，成本至少比预算内的成本便宜很多。中国依赖石油进口，石油进口占2019年国内石油消费量的72%以上，但较低的价格对中国自身的石油开采和投资构成了重大挑战。此外，由于内部价格管制的原因，低廉的价格并不能自动为消费者带来便宜的燃料和汽油，在这里必须放眼全局。

4月，西德克萨斯中质原油期货合约（这是石油价格的主要指标之一）急剧走低，同比下跌约 70%。2 月每桶价格为 50.54 美元，3 月已经到了 29.12 美元，4 月为 16.55 美元[83]。4 月对中国有利的原油价格恰逢中国经济开始复苏。而到了 5 月，石油价格已升至 28.56 美元，6 月曾升至 37.46 美元，但无论如何都比 2019 年 6 月的价格——54.66 美元更有利，总体而言，中国经济在原油价格下跌了 31.5% 的情况下逐渐恢复。

能源价格的下跌也反映了一个事实，即能源资源的使用本身在 2020 年第一季度开始显著减少。高开采量与石油需求急剧下降之间存在失衡。在中国国内，货运量几乎减少了一半，由于隔离，人们开始减少出行，没有使用私家车，商店的产品供应减少了。国内和国外航班已几乎完全停飞。在中国乃至全世界，石油的供应量都远远超过了需求量，根本就没有地方储存它。这就是为什么在美国，大型石油贸易商实际上开始为购买石油的买家每桶多付 37~40 美元，因为他们选择了购买存储在油库的石油，因此，石油价格形式上进入了负值区间。布伦特原油价格没有进入负值区间，但仍然是一个巨大的跌幅。

但是，过于廉价的石油也引起了中国的担忧，特别是在国际价格暴跌以及美国原油期货跌至 −37.63 美元/桶（20 年来的最低水平）之后。为了稳定局势，中国早在 2018 年就创建了中国原油期货交易所，以促进使用人民币而不是美元来确定原油购买价格。在国际油价下跌之后，该交易所被迫在现有的每日价格限制系统内停止交易。

廉价石油可能会阻碍中国增加国内供应的努力，这是中国能源安全战略的关键部分。自从 1996 年成为原油的主要进口国以来，中国对进口石油的消费依赖一直稳定增长，达到总消费量的72%。这给中国政府提供了强有力的动力，可以通过中国三大石油公司：中国石油天然气集团有限公司、中国石油化工集团有限公司和中国海洋石油集团有限公司来提高国内石油和石油产品的产量。

中国的重要目标之一是培育自己的产量小幅增长。但是如果油价低于每桶20美元，考虑到中国的平均成本估计在每桶50美元左右，中国的石油生产将极其无利可图。

中石油表示，由于油价的急剧下跌，公司要推进深化改革。而中石化表示，准备在很长一段时间内"勒紧裤腰带"。

4月中旬，面对石油市场彻底崩溃的威胁，俄罗斯、美国和沙特阿拉伯达成了暂时和解，减少了石油产量。石油需求突然下降的真正原因不全是新冠疫情，而是迫近的全球衰退，3个产油国的领导人对此无能为力。每个人都不太关心拯救世界经济，而是关心自己的经济，例如对于美国而言，让许多生产商不破产是极为重要的。由于担心中国对沙特和俄罗斯石油的购买量不断增加，美国生产商向白宫施压，要求其调整与中国的贸易协议，该协议是在贸易和解的"第一阶段"达成的。从理论上讲，中国经济的增长也可以确保油价上涨，但实际上，在复杂的情况下，中国可以选择至少3个主要国家作为主要购买国。

这个问题还有另一面：石油价格的下跌使任何替代能源实际上都无利可图，这包括风能和太阳能。正是这个问题对中国非常重要。中国认为替代能源不仅是建立新的"清洁"经济的方式，而且还可以确保能源领域的安全，即与最大的石油和天然气出口国"脱钩"。但实际上，尽管投资巨大，中国在不久的将来还无法做到这一点。可以说，迄今为止，世界范围内可再生能源使用的增加仅增加了中国的影响力，而中国通过推动增加可再生能源的使用，削弱了石油出口大国的影响力。

中国是全球最大的太阳能电池板、风力涡轮机、蓄电池和电动汽车的制造商和出口商。《电力发展"十三五"规划（2016—2020年）》中提到，到2020年将非化石能源发电装机的占比从35%提高到39%。《可再生能源发展"十三五"规划》中估算"十三五"期间可再生能源新增投资约2.5万亿元，并计划到2020年，全国可再生能源部门就业人数超过1300万（相比之下，在美国，该行业雇用了约80万名员工）。

当前，欧洲、中国和日本高度依赖石化燃料的进口，但是随着可再生能源份额的增长，它们的能源独立性将会提高。日本是依赖性最强的国家，其石化燃料的净进口量占GDP的5%。南亚将其GDP的3%以上用于石化燃料的进口，由于基数较低，对这些燃料的需求正在迅速增长。中国需要确保石油和其他自然资源的供应以支持其增长，这使得它与亚洲、非洲和拉丁美洲国家的关系更加牢固，并通过可再生能源使国内能源供应多样化。从理论上讲，从进口石化燃料转向国内可再生能源生产的国家正在大大改善其贸易平衡。例如，预计在21世纪20年代，印度将取代中国成为最大的能源市场。印度已经为自己设定了雄心勃勃的目标，即到2022年实现175吉瓦的可再生能源。这是一个巨大的飞跃，因为到2018年10月，印度的总装机容量仅为346吉瓦[84]。

在现有基础技术方面，中国也拥有明显的优势，拥有超过15万项专利（2016年统计数据），占专利总数的29%。最接近的国家是美国，美国拥有10万多项专利（占18%），其次是日本和欧盟（各占14%），拥有约7.5万项专利。而俄罗斯、印度尼西亚和沙特阿拉伯等主要石油出口国仅有为数不多的与可再生能源相关的专利。中国目前是世界上最大的清洁能源技术生产国。早在2014年，中国在清洁能源生产中的增加值就超过了400亿美元，而日本约70亿美元，在美国是大约60亿美元[85]。

在2017年初，全球五大可再生能源交易中有4笔是由中国公司完成的，中国拥有6家最大的太阳能电池组件制造商中的5家以及世界最大的风力涡轮机制造商。

此外，在能源安全方面，中国正在从能源行业的转型中受益。它不仅在制造业方面，而且在利用可再生能源的创新和技术开发方面均处于领先地位：2017年，中国对可再生能源的投资占全球绿色能源投资总量的45%以上[86]。

许多金融机构也参与其中。例如，中国和俄罗斯积极参与创建的金砖国家新开发银行于2018年4月提供了金额为8.11亿美元的第一批长期贷款，为其成员国提供清洁能源项目的融资[87]。

中国领先的技术公司，主要是数据存储和处理公司，早已开始面向可再生能源。其中包括电子商务巨头阿里巴巴、搜索引擎提供商百度、腾讯控股，走在最前列的是专门管理云存储中心的秦淮数据集团。

中国寻求改用替代能源的另一个原因是：与环境污染做斗争。根据兰德公司分析，得出的结论是，2012年中国减少空气污染的成本为5350亿美元，或者为GDP的6.5%，主要是由于劳动生产率的下降[88]。

较低的原油成本提高了中国和整个亚洲范围内小型炼油厂的获利预期,而此前,这些炼油厂为了能在新冠疫情下维持生计倾注了全力。

从经济角度来看,从中期看较低的油价对包括中国在内的大多数亚洲国家都是积极的因素,这些国家除马来西亚以外均是石油净进口国。通常,油价下跌刺激了亚洲国家的经济增长,此次也将使各国政府能够采取财政刺激措施。但是,在当前环境下,鉴于新冠肺炎疫情暴发引起的消费者需求减弱,较低的油价所带来的收益可能有限[89]。

刺激市场和过渡到依赖国内市场的模式

2020年5月23日,国家主席习近平在参加全国政协十三届三次会议的经济界委员联组会时提出:"我们要把满足国内需求作为发展的出发点和落脚点,加快构建完整的内需体系,大力推进科技创新及其他各方面创新……逐步形成以国内大循环为主体、国内国际双循环相互促进的新发展格局[90]。"

这是否意味着放弃了几十年来证明非常成功的出口导向型经济?部分是肯定的,因为外部条件已经改变,在贸易战中很难仅依靠出口。中国正在逐步转向"自力更生"("完整的国内消费体系"),但这一次打算依靠自己的高科技来使其完全独立于进口成分和技术解决方案,即转向"内循环"。从许多方面来说,这是一个安全网。

严格来说，目前的出口情况还不错。到2020年4月，中国的出口额同比增长3.5%，达到2002.8亿美元，这是自去年12月以来的首次正增长，这对经济增长将下降12.1%的预测提出了质疑。出口增长是因为中国许多工厂在长时间停工后恢复了运营。医疗设备、中医药产品和纺织品（包括口罩）的销售额均有所增长。

进口情况更为糟糕：5月份进口额为1439亿美元，同比下降16.7%。

2020年5月，中国的贸易顺差从4月份的453亿美元增至629亿美元。这是有记录以来最大的贸易顺差，反映出进口量较上月减少。这部分是由于价格水平的变化，而当时的出口与4月相比略有增加，特别是药品和医疗设备的出口增加[91]。

由于各种刺激措施，中国经济在5月份继续复苏，投资、消费额和工业产值均较4月有所增加。但复苏的速度并没有预期的那么快。

向小微企业提供贷款是中国政府的优先事项，因为中国政府一直在努力应对大型银行长期倾向于向大型国有企业提供贷款的趋势。2020年6月初，中国人民银行宣布推出4000亿元额度，用于购买3—12月地方银行向中小企业发放的40%的贷款。这样做可以减轻地方银行的负担，从中去除一些"不良贷款"。

6月17日，中华人民共和国国务院常务会议指出要加快降费政策落地见效，其中包括降低或完全取消电费、港口建设费、公路费、电信费等。特别是还包括降低工商业电价5%，将电信收费平均降低15%等。当时预计2020全年，共为企业减负3100多亿元。

另一套措施要求金融机构降低贷款和债券的利率，扩大贷款的发行，同时提供优惠利率，减少银行收费以及为中小企业的贷款延期还本付息。这套措施将向各类企业让利1.5万亿元[92]。

此外，中国的目标是2020年为企业新增减负超过2.5万亿元，这是2020年5月政府工作报告中设定的目标之一[93]。

总的来说，这与传统的市场措施相去甚远，是一种指令性管理的形式，因为国家直接干预包括私营企业在内的外部价格监管。但是这种模式在中国是有效的，中国的商业活动正在迅速恢复。政府很快设法通过"重启"许多行业来刺激经济增长并使其摆脱停滞状态。

注释

1. Tang Frank, Coronavirus: economy in China's COVID-19 epicentre Hubei shrank 40 per cent in first quarter of 2020, April 22, 2020, accessed April 24, 2020, https://www.scmp.com/economy/china-economy/article/3081074/coronavirus-economy-chinas-COVID-19-epicentre-hubei-shrank-40.

2. Wang Tianyu, China's industrial profits drop 36.7% in Q1, rate of decline narrows as economy recovers, April 27, 2020, accessed April 29, 2020, https://news.cgtn.com/news/2020-04-27/China-s-industrial-profits-drop-36-7-in-Q1-Q1zeWvCYjS/index.html.

3. Canalys: Smartphone shipments in China reach 73 million in Q1 2020, down 18% year on year, May 1, 2020, accessed May 5, 2020, https://www.canalys.com/newsroom/canalys-china-smartphone-shipments-Q1-2020.

4. Foxconn quarterly profit hits two-decade low, sees growth from post-virus lifestyles, May 15, 2020, accessed May 17, 2020, https://www.reuters.com/article/us-foxconn-results/foxconn-quarterly-profit-hits-two-decade-low-sees-growth-from-post-virus-lifestyles-idUSKBN22R0SY.

5. Coronavirus: China's industrial giants see profits collapse in first quarter of

2020, April 27, 2020, accessed April 29, 2020, https://www.scmp.com/economy/china-economy/article/3081652/coronavirus-chinas-industrial-giants-see-profits-collapse.

6. Zhou Xin and Sidney Leng. Coronavirus: is China prepared to handle an unemployment crisis?, May 12, 2020, accessed May 15, 2020, https://www.scmp.com/economy/china-economy/article/3083823/coronavirus-china-prepared-handle-unemployment-crisis.

7. https://www.zhaopin.com.

8. 80 million Chinese may already be out of work. 9 million more will soon be competing for jobs, too, May 8, 2020, accessed May 15, 2020, https://edition.cnn.com/2020/05/08/economy/china-unemployment-intl-hnk/index.html.

9. García-Herrero, Alicia, Depression, and not stagflation, could haunt China in 2020, April 17, 2020, accessed April 22, 2020, https://www.bruegel.org/2020/04/depression-and-not-stagflation-could-hunt-china-in-2020.

10. Bermingham Finbarr. Coronavirus: China's industrial giants see profits collapse in first quarter of 2020, April 27, 2020, accessed May 1, 2020, https://www.scmp.com/economy/china-economy/article/3081652/coronavirus-chinas-industrial-giants-see-profits-collapse.

11. 中国恒大战略转型，三年计划降债4500亿美元，2020年4月1日，https://www.yicai.com/news/100574186.html，访问日期：2020年4月14日。

12. 商务部电子商务司负责人介绍2019年上半年网络零售市场发展情况，2019年8月9日，http://english.mofcom.gov.cn/article/zt_cv/lanmucc/201908/20190802892176.shtml，访问日期：2020年6月11日。

13. China digital consumer trends 2019: Discovering the next wave of growth, McKinsey & Company, September 2019, accessed June 15, 2020, https://www.mckinsey.com/~/media/mckinsey/featured%20insights/china/china%20digital%20consumer%20trends%20in%202019/china-digital-consumer-trends-in-2019.ashx.

14. The Food and Beverage Market Entry Handbook: China. prepared for the Consumers, Health, Agriculture and Food Executive Agency（Chafea），EU, 2018, p.39, accessed June 11, 2020, https://ec.europa.eu/chafea/agri/sitesechafea/

files/handbook-china-052018_en.pdf.

15. Coronavirus is dramatically changing food consumption in China — here's how, February 19, 2020, accessed April 17, 2020, https://www.businessinsider.com/coronavirus-changing-food-consumption-in-china-2020-2.

16. 同上。

17. Trade set to plunge as COVID-19 pandemic upends global economy, accessed May 14, 2020, https://www.wto.org/english/news_e/pres20_e/pr855_e.htm.

18. China Money Supply M2, accessed June 18, 2020, https://tradingeconomics.com/china/money-supply-m2.

19. 金融危机改写中国经济版图 "国进民退"引发担忧，2009年6月23日，http://finance.sina.com.cn/g/20090623/15416387459.shtml，访问日期：2020年6月25日。

20. Tang Frank. Coronavirus: China claims stimulus '10 times more efficient' than US Fed, as new loans top US$1 trillion, April 10, 2020, accessed May 8, 2020, https://www.scmp.com/economy/china-economy/article/3079423/coronavirus-china-claims-stimulus-10-times-more-efficient-us.

21. Chen Jia, New yuan loans up 1.29t yuan in Q1, April 10, 2020, accessed April 15, 2020, https://global.chinadaily.com.cn/a/202004/10/WS5e9036e5a3105d50a3d155e7.html.

22. 政府工作报告（文字实录），2020年5月22日，http://www.gov.cn/premier/2020-05/22/content_5513757.htm，访问日期：2020年6月14日。

23. China's largest utility plans a national power grid integrating Internet of Things technologies, October 26, 2019, accessed March 6, 2020, https://www.scmp.com/news/china/society/article/3034684/chinas-largest-utility-plans-national-power-grid-integrating.

24. China raises 2019 budget deficit target on promises of tax cuts and infrastructure spending to stem slowdown, April 5, 2020, accessed May 18, 2020, https://www.scmp.com/economy/china-economy/article/2188629/china-raises-2019-budget-deficit-target-promises-tax-cuts-and.

25. SAFE Releases Data on International Trade in Goods and Services of China in first two months of 2020, accessed May 18, 2020, https://www.safe.gov.cn/en/2020/0327/1661.html.

26. SAFE Releases Data on International Trade in Goods and Services of China in March 2020, accessed June 19, 2020, https://www.safe.gov.cn/en/2020/0430/1674.html.

27. China's March car sales rebound from February low; Tesla sales hit record, Yuan Talks, April 9, 2020, accessed April 29, 2020, https://www.yuantalks.com/chinas-march-car-sales-down-40-per-cent-tesla-sales-hit-record.

28. Pinduoduo, https://en.pinduoduo.com.

29. China's consumers are starting to binge on travel, cosmetics again in signs economy is reviving, April 8, 2020, accessed April 8, 2020, https://www.scmp.com/business/china-business/article/3078833/chinese-consumers-are-starting-binge-again-travel-cosmetics.

30. 文化和旅游部 国家卫生健康委印发《关于做好旅游景区疫情防控和安全有序开放工作的通知》，2020年4月13日，https://www.mct.gov.cn/whzx/whyw/202004/t20200413_852461.htm，访问日期：2020年4月22日。

31. 2020年"五一"小长假全国共接待游客1.15亿人次，2020年5月9日，https://www.mct.gov.cn/whzx/whyw/202005/t20200505_852977.htm，访问日期：2020年5月10日。

32. 交通运输部："五一"发送旅客1.21亿人次，2020年5月8日，http://xiaofei.people.com.cn/BIG5/n1/2020/0508/c425315-31700508.html，访问日期：2020年5月9日。

33. Coronavirus and floods destroy China's Dragon Boat Festival holiday plans, June 28, 2020, accessed June 28, 2020, https://www.scmp.com/news/china/society/article/3090904/coronavirus-and-floods-destroy-chinas-dragon-boat-festival.

34. 武汉向全体在汉人员发放5亿元消费券，2020年4月17日，http://www.wh.gov.cn/sy/whyw/202004/t20200420_1032819.shtml，访问日期：2020年5月9日。

35. Wuhan to distribute vouchers worth 500m yuan to boost consumption, April 17, 2020, accessed May 9, 2020, http://english.www.gov.cn/news/topnews/202004/17/content_WS5e991084c6d0b3f0e9495ace.html.

36. 第五轮杭州电子消费券4月20日晚8时发放，2020年4月20日，http://www.hangzhou.gov.cn/art/2020/4/20/art_812262_42611722.html，访问日期：2020年4月21日。

37. 同上。

38. 浙江省人民政府办公厅关于提振消费促进经济稳定增长的实施意见，2020年3月23日，http://www.zj.gov.cn/art/2020/3/23/art_1582439_42503979.html，访问日期：2020年3月29日。

39. 新基建：各大省市公布重点项目投资计划及投资规模，2020年3月9日，https://www.reportrc.com/article/20200309/4741.html，访问日期：2020年3月10日。

40. 同上。

41. 统筹推进疫情防控和经济社会发展工作 奋力实现今年经济社会发展目标任务，2020年4月1日，http://cpc.people.com.cn/n1/2020/0401/c64094-31657786.html，访问日期：2020年4月19日。

42. 李克强主持召开国务院常务会部署完善"六稳"工作协调机制 有效应对疫情影响促进经济社会平稳运行等，2020年3月3日，http://big5.www.gov.cn/gate/big5/www.gov.cn/premier/2020-03/03/content_5486442.htm，访问日期：2020年3月14日。

43. 李克强主持召开国务院常务会 推出增设跨境电商综合试验区、支持加工贸易、广交会网上举办系列举措等，2020年4月7日，http://www.gov.cn/premier/2020-04/07/content_5499975.htm，访问日期：2020年4月20日。

44. 关于新能源汽车免征车辆购置税有关政策的公告，2020年4月16日，http://szs.mof.gov.cn/zhengcefabu/202004/t20200417_3500222.htm，访问日期：2020年4月20日。

45. 第一季度中国外贸增长6.4%，2020年4月14日，https://www.interfax.ru/business/704033，访问日期：2020年4月15日。

46. 商务部印发进一步发挥中欧班列作用应对新冠肺炎疫情做好稳外贸

稳外资促消费工作的通知,2020年4月7日,http://www.mofcom.gov.cn/article/ae/ai/202004/20200402952985.shtml,访问日期:2020年4月12日。

47. 关于防控新型冠状病毒感染的肺炎疫情进口物资免税政策的公告,2020年2月1日,http://www.chinatax.gov.cn/chinatax/n810341/n810755/c5143155/content.html,访问日期:2020年3月20日。

48. 关于提高部分产品出口退税率的公告,2020年3月17日,http://szs.mof.gov.cn/zhengcefabu/202003/t20200317_3484123.htm,访问日期:2020年3月20日。

49. 李克强主持召开国务院常务会议 确定应对疫情影响稳外贸稳外资的新举措等,2020年3月11日,http://www.gov.cn/premier/2020-03/11/content_5489970.htm,访问日期:2020年3月20日。

50. Connectivity Spearheads Development and Partnership Enables Cooperation, November 8, 2014, accessed February 18, 2020, https://www.fmprc.gov.cn/ce/ceindo/eng/jrzg/t1211795.htm.

51. Goodman Peter, In Era of Trump, China's President Champions Economic Globalization, January 17, 2017, accessed March 19, 2020, https://www.nytimes.com/2017/01/17/business/dealbook/world-economic-forum-davos-china-xi-globalization.html?_r=0.

52. About the AC2020, accessed May 18, 2020, http://english.boaoforum.org/2020acap/48115.jhtml.

53. Belt & Road Initiative: Progress, Contributions and Prospects – 2019, Leading Group for Promoting the Belt and Road Initiative, Beijing: Foreign Language Press, April 23, 2019. accessed March 14, 2020, https://www.beltandroad.news/report_19832742.

54. The State Council, The People's Republic of China, last modified March 30, 2015, accessed February 20, 2020, http://english.gov.cn/archive/publications/2015/03/30/content_281475080249035.htm.

55. "一带一路"投资数据出炉,逆势增长,2020年4月23日,https://baijiahao.baidu.com/s?id=1664760629412641510&wfr=spider&for=pc,访问日期:2020年6月14日。

56. 习近平向"一带一路"国际合作高级别视频会议发表书面

致辞，2020年6月18日，http://www.gov.cn/xinwen/2020-06/18/content_5520353.htm，访问日期：2020年6月20日。

57. Hu Yong, Bonded zones to be expanded. China Daily, January 11, 2019, accessed April 20, 2020, http://www.chinadaily.com.cn/a/201901/11/WS5c37e7c0a3106c65c34e3d0a.html.

58. GACC Launches 6 Measures to Support Comprehensive Bonded Zones, February 27, 2019, accessed April 9, 2020, http://english.customs.gov.cn/statics/97eeb5c2-f5e8-4d3c-aea2-d341cf9bf207.html.

59. 国务院关于促进综合保税区高水平开放高质量发展的若干意见，2019年1月25日，http://www.gov.cn/zhengce/content/2019-01/25/content_5361158.htm，访问日期：2020年5月9日。

60. Apple may take a bigger bite of India's manufacturing pie, May 11, 2020, accessed May 15, 2020, https://tech.economictimes.indiatimes.com/news/mobile/apple-may-take-a-bigger-bite-of-indias-manufacturing-pie/75666667?redirect=1.

61. Announcement of the State Taxation Administration on Issues Concerning the Levy upon Assessment of Income Tax on Retail Export Enterprises in Cross-border E-commerce Comprehensive Pilot Zones, accessed May 9, 2020, https://law.wkinfo.com.cn/legislation/detail/MTAxMDAxMzQxMjFfRW4%3D?searchId=5d81d9bd79d6487fbb2a1ad123fbbcd5&index=1&q=cross%20border&module=.

62. China to set up new integrated pilot zones for cross-border e-commerce to stabilize foreign trade and investment, April 7, 2020, accessed April 19, 2020, http://english.www.gov.cn/premier/news/202004/07/content_WS5e8c9feec6d0c201c2cc06cd.html?mc_cid=58f9270742&mc_eid=bfbb6731f5.

63. GACC Launches 6 Measures to Support Comprehensive Bonded Zones, February 27, 2020, accessed March 11, 2020, http://english.customs.gov.cn/statics/97eeb5c2-f5e8-4d3c-aea2-d341cf9bf207.html.

64. 李克强主持召开国务院常务会 推出增设跨境电商综合试验区、支持加工贸易、广交会网上举办系列举措等，2020年4月7日，http://www.gov.cn/premier/2020-04/07/content_5499975.htm，访问日期：2020年4月

10日。

65. Shanghai sets up new comprehensive bonded area, April 21, 2020, accessed June 11, 2020, http://www.xinhuanet.com/english/2020-04/21/c_138996303.htm.

66．国务院办公厅关于进一步精简审批优化服务精准稳妥推进企业复工复产的通知，2020年3月4日，http://www.gov.cn/zhengce/content/2020-03/04/content_5486767.htm，访问日期：2020年3月9日。

67．中国人民银行 财政部 银保监会 证监会 外汇局关于进一步强化金融支持防控新型冠状病毒感染肺炎疫情的通知，2020年2月1日，http://www.csrc.gov.cn/pub/newsite/zjhxwfb/xwdd/202002/t20200201_370465.html，访问日期：2020年2月8日。

68．工业和信息化部关于应对新型冠状病毒肺炎疫情帮助中小企业复工复产共渡难关有关工作的通知，http://www.gov.cn/zhengce/zhengceku/2020-02/10/content_5476684.htm，访问日期：2020年2月11日。

69. China to extend preferential tax policies, April 9, 2020, accessed April 20, 2020, http://english.www.gov.cn/premier/news/202004/09/content_WS5e8e66f0c6d0c201c2cc07ff.html.

70．李克强主持召开国务院常务会议 推出鼓励吸纳高校毕业生和农民工就业的措施等，2020年2月25日，http://www.gov.cn/premier/2020-02/25/content_5483215.htm，访问日期：2020年3月10日。

71. 关于支持个体工商户复工复业增值税政策的公告，2020年2月29日，http://szs.mof.gov.cn/zhengcefabu/202002/t20200228_3475718.htm，访问日期：2020年4月14日。

72. 银保监会 人民银行 发展改革委 工业和信息化部 财政部关于对中小微企业贷款实施临时性延期还本付息的通知，2020年3月1日，http://www.cbirc.gov.cn/cn/view/pages/ItemDetail.html?docId=892278&itemId=926，访问日期：2020年5月14日。

73. 市场监管总局 发展改革委 财政部 人力资源社会保障部 商务部 人民银行 关于应对疫情影响 加大对个体工商户扶持力度的指导意见，2020年3月2日，http://www.mofcom.gov.cn/article/h/redht/202003/20200302940639.shtml，访问日期：2020年4月12日。

74. China March loans surge to $405 billion as coronavirus stimulus kicks

in, April 10, 2020, accessed April 21, 2020, https://www.reuters.com/article/us-china-economy-loans/china-march-loans-surge-to-405-billion-as-coronavirus-stimulus-kicks-in-idUSKCN21S0VY.

75. 国家税务总局关于优化纳税缴费服务配合做好新型冠状病毒感染肺炎疫情防控工作的通知，http://www.gov.cn/zhengce/zhengceku/ 2020-01/31/content_5473310.htm, 访问日期：2020 年 2 月 20 日。

76. 支持疫情防控和经济社会发展税费优惠政策指引，http://www.chinatax.gov.cn/chinatax/n810341/n810755/c5145868/content.html, 访问日期：2020 年 4 月 20 日。

77. 关于延长 2020 年 4 月纳税申报期限有关事项的通知，2020 年 3 月 30 日，http://www.chinatax.gov.cn/chinatax/n810341/n810755/c5147673/content.html, 访问日期：2020 年 5 月 9 日。

78. 关于延长 2019 年度代扣代收代征税款手续费申报期限的通知，2020 年 3 月 13 日，http://www.chinatax.gov.cn/chinatax/n810341/n810755/c5146328/content.html, 访问日期：2020 年 4 月 18 日。

79. 国家发展改革委办公厅关于做好疫情防控重点保障物资生产企业名单管理有关工作的通知，2020 年 3 月 2 日，https://www.ndrc.gov.cn/xxgk/zcfb/tz/202003/t20200302_1222106.html, 访问日期：2020 年 4 月 8 日。

80. 关于支持新型冠状病毒感染的肺炎疫情防控有关个人所得税政策的公告，2020 年 2 月 7 日，http://szs.mof.gov.cn/zhengcefabu/202002/t20200207_3466790.htm, 访问日期：2020 年 3 月 10 日。

81. 关于支持新型冠状病毒感染的肺炎疫情防控有关捐赠税收政策的公告，2020 年 2 月 7 日，http://szs.mof.gov.cn/zhengcefabu/202002/t20200207_3466789.htm, 访问日期：2020 年 5 月 8 日。

82. 政府工作报告（文字实录），2020 年 5 月 22 日，http://www.gov.cn/premier/2020-05/22/content_5513757.htm?mc_cid=eda4261765&mc_eid=9cddbf941a, 访问日期：2020 年 5 月 24 日。

83. West Texas Intermediate WTI, accessed May 20, 2020, https://countryeconomy.com/raw-materials/crude-oil-wti.

84. A New World: The Geopolitics of the Energy Transformation, accessed March 23, 2020, http://geopoliticsofrenewables.org/assets/geopolitics/Reports/

wp-content/uploads/2019/01/Global_commission_renewable_energy_2019.pdf.

85. A New World: The Geopolitics of the Energy Transformation, accessed March 20, 2020, http://geopoliticsofrenewables.org/assets/geopolitics/Reports/wp-content/uploads/2019/01/Global_commission_renewable_energy_2019.pdf.

86. 同上。

87. BRICS Bank Gives $811 Million in First Round Green Energy Loans, April 18, 2016, accessed February 23, 2020, http://www.ndb.int/media/brics-bank-gives-811-million-first- round-green-energy-loan.

88. Keith Crane and Zhimin Mao, Costs of Selected Policies to Address Air Pollution in China, accessed March 24, 2020, http://www.rand.org/ content/dam/rand/pubs/research_reports/RR800/RR861/RAND_RR861.pdf.

89. Schowitz P., Why crashing oil prices amid the coronavirus epidemic are good news for most of Asia, March 13, 2020, accessed April 12, 2020, https://www.scmp.com/comment/opinion/article/3074930/why-crashing-oil-prices-amid-coronavirus-epidemic-are-good-news.

90. China's economic strategy shift shows Xi Jinping is preparing for 'worst case scenario', analysts say, May 25, 2020，accessed June 2, 2020, https://www.scmp.com/economy/china-economy/article/3085969/chinas-economic-strategy-shift-shows-xi-jinping-preparing.

91. China's economy at a glance, June 2020, accessed June 20, 2020, https://business.nab.com.au/wp-content/uploads/2020/06/Chinas-economy-at-a-glance-June-2020.pdf.

92. 李克强主持召开国务院常务会议 部署引导金融机构进一步向企业合理让利助力稳住经济基本盘等，2020 年 6 月 17 日，http://www.gov.cn/premier/2020-06/17/content_5520025.htm，访问日期：2020 年 6 月 18 日。

93. Highlights of 2020 Government Work Report, May 22, 2020, accessed June 1, 2020, http://www.ecns.cn/news/2020-05-22/detail-ifzwqsxz6414726.shtml.

第四章
中国社会与新技术

人工智能在抗疫中的应用

对新冠肺炎疫情的胜利也是科学的胜利,这包括国家近年来开发的许多创新技术。这里重要的不仅是创新,因为许多国家都在创新——在关键时刻快速掌握和使用创新技术的能力同样重要。对中国而言,新冠肺炎疫情催生了在线平台的积极发展期,云技术已经遍及全国,数百家科技初创企业开始提供服务。聪明的中国人立即意识到是时候占领新平台了。中国顺利和谐地走向"在线"模式,开始积极地在网上生活:购物、学习、举行会议和讲座、会见朋友甚至举行聚会。后来其他发生新冠肺炎疫情的国家也采用了相同的行为模式,但中国是第一个,并且有自己的特点。但更重要的是新生事物的规模:阿里巴巴、腾讯等中国的几家科技巨头在中国各地部署了数十万台新服务器,迅速建立了在线监测系统,甚至为居民推出了"健康码"。

中国庞大的互联网用户和智能手机用户规模是在中国开发人工智能技术的强大推动力。一般认为,到2030年中国将拥有世界30%的信息数据。这一推断不仅基于庞大的用户数量,还考虑到技术本身深入到日常生活中的初步应用,以及阿里巴巴、腾讯、百度等可以提供的现成平台。国家因而决定将部分工作转入线上。

显然,中国人对采用人工智能(AI)系统的热情很高。在国务院于 2017 年 7 月发布《新一代人工智能发展规划》[1]之后,中国各地方政府争相投资人工智能并采用新技术,开始了新的科技发展浪潮。

2017 年,中国政府宣布了其基本目标,即到 2035 年网络空间综合实力进入全球领先地位[2],但是到 2020 年,中国许多先进的人工智能和机器人技术仍依赖于半导体和新材料等材料的进口。中国最大的优势在于迅速普及应用这些新技术,这也成为新冠肺炎疫情期间中国大规模转入"线上"的关键因素。根据咨询公司 IDC 在 2020 年 3 月发布的预测,仅在中国,到 2023 年机器人市场将达到 1036 亿美元,主要是由于工业、消费品生产、零售、医疗卫生和资源产业的需求[3]。

在新冠肺炎疫情结束后中国逐步恢复经济增长的过程中,受到中国政府支持的国家高新技术体系成为这一过程的关键环节。同时,面对新冠肺炎疫情的冲击,中国政府制定的"新基建"政策产生了套期保值作用,为中国产业结构转型、智能社会建设和数字化转型提供了新动力。最有可能的是,国家信息通信技术市场的年增长率将达到 12%[4]。

此外,即使在新冠肺炎疫情暴发期间,中国政府仍继续在这一行业开发大型有前景的项目。例如,中国政府积极推进在拉萨建设一个面积为 64.5 万平方米的云计算数据中心。该中心预计于 2025/2026 年完成。总投资约为 118 亿元,而提供云存储服务每年也将带来相应的收入[5]。

正是借助人工智能和在线技术，中国迅速适应了危机，然后迅速摆脱了危机。中国的优势不仅仅在于技术的独特性，还在于疫情暴发之初，企业和消费者已经在其日常事务中广泛使用了新技术。因此，在扩展此类技术方面没有严重问题。波士顿咨询集团在 2018 年 12 月发布的一项调查显示，中国公司在采用 AI 方面处于世界领先地位。该研究涵盖了来自各个行业的奥地利、中国、德国、法国、日本、瑞士和美国的 2700 名经理人。结果证明，中国在直接采用 AI 技术方面处于领先地位：32% 的企业声称已完全使用基于 AI 的程序，而美国为 22%，其他国家甚至更少。中国在 AI 试点企业的比例上也占领先地位，达到 53%，而美国为 29%。总体而言，被认为是人工智能开发积极参与者的企业所占份额在中国为 85%，在美国为 51%，在所有其他国家均不到 50%[6]。此外，只有 10% 的公司报告了 AI 计划失败。简言之，中国公司正在积极启动人工智能项目，当他们尝试这样做时，他们往往会成功。此外，中国 AI 市场的活跃参与者分布在多个行业中，而在大多数其他国家，他们更集中于少数行业，例如技术、媒体和电信行业。

在努力实现制造业产业升级的框架下，自 2014 年以来，中国逐步用机器人代替体力劳动。其中，工业发达的江苏、浙江和广东是大规模引进新技术的省份。早在 2017 年，中国政府就发布了《新一代人工智能发展规划》。因此，早在新冠肺炎疫情之前，采用人工智能技术就已成为中国政府最重要的优先事项之一。到 2023 年，中国机器人技术市场规模预计将在制造、消费、零售、医疗卫生等多个行业的需求推动下，达到 1036 亿美元[7]。例如，广东省东莞市政府仅在 2018 年就拨款 3.85 亿元来提高工厂的自动化水平[8]。

长期以来，中国一直在争论机器人最终是否将使大部分人口失业这个问题。现在中国政府表示，人工智能和自动化确实会取代一些工作，但不会像人们所担心的那样严重。2020年1月中国社会科学院人口与劳动经济研究所与社会科学文献出版社发布的《人口与劳动绿皮书：中国人口与劳动问题报告No.20》中提到："机器人对于普通工作岗位存在替代效应，但并不会带来突出的'就业破坏'效应。新技术应用对中国制造业普通劳动力岗位替代率为19.6%，但同时增加了认知和技能水平较高及'人机协作'操作和管理服务的工作岗位需求。机器人和AI是'自动化'的新阶段，更强调人机协作的关系，并非完全'机器换人'，新技术使操作技能更易掌握，低技能工人不会被直接淘汰，主要在企业内部完成岗位转换，不会对制造业带来'就业破坏'。"

最初，大量的体力劳动替代以及向线上的过渡引起了中国工人和办公室人员的警惕。但是，由于做了说服解释工作并采取了"温和"转岗措施，多数人对其长远前景持积极态度。根据普华永道2018年9月的一份报告数据，普华永道预测，在未来20年中，人工智能技术将取代中国现有的26%的工作岗位，但采用人工智能技术本身可能会额外增加38%的工作岗位。节省劳力的技术可以降低产品价格，公司需要更多的工人来满足额外的需求[9]。

包括阿里巴巴和京东在内的商业公司已经对自己的一些仓库进行了自动化升级，并部署了送货机器人。中国的饭店和旅馆还放置了服务机器人，它们将食物送到人们所在的桌子旁和房间里。一些城市还开始使用机器人警察在街道上巡逻、测量体温，甚至遛狗。

尽管机器人行业在新冠疫情期间获得了进一步发展的动力，但实际情况却相当复杂，因为小型初创企业和微型企业——它们都是生产高度专业化产品甚至只是单个组件的企业——都受到了疫情的冲击。

根据国际机器人联合会的数据，2018年中国境内工业机器人安装量在世界排名中遥遥领先，但是由于熟练技术工人的短缺，中国以各种方式寻求增加自动化生产线的数量，而这种趋势恰恰在新冠疫情暴发期间获得了积极的成果。那些人数更少但密切协作的企业成了赢家。

在线商务、医疗和教育

隔离期成为在线平台的腾飞期。近10年来，中国不仅按照"智能家居"的方式生活，而且还按照"智能国家"的方式生活，中国已经成为世界上新技术和人工智能应用水平最高的国家之一。这成为中国迅速适应新冠肺炎疫情影响的因素之一，那些在新冠肺炎疫情流行期间起作用的技术不仅早已存在，而且已部分成为每个中国人生活习惯的一部分。也就是说，从心理上和技术上，普通居民都准备好转向"在线生活"，并在那里进行自己的社交和商业活动。

根据中国互联网网络信息中心的研究，到2023年，中国的社交网络用户数量将增至10亿以上[10]。政府逐步地"智能化"了所有流程：从制造到商店购物，再到在线学习。这是分阶段完成的，但是，从创建企业管理云平台到发展"智能"城市等，在各个行业中，这都是非常重要的。

早在2013年，住房和城乡建设部就开始选择城市进行试验和实施智能城市计划。当时，中国的技术还不如今天先进，因此中国的领导层和地方政府最初争取吸引外国企业，例如同美国科技巨头思科和IBM进行合作。当时，许多项目的主要目的是吸引国外投资从零开始建设商业园区，并帮助优化基础设施，包括用于建筑物安全和能源消费管理的智能解决方案。采用了能源消费管理解决方案，可以根据房间中实际人员的存在与否来调节空调、暖气和照明。

很快就出现了完全属于中国的解决方案，例如2016年，阿里巴巴在杭州采用摄像头和传感器系统收集道路状况的实时数据。在杭州市萧山区，安装了自动信号的道路上的平均行车速度提高了15%。在上海市，市政府维护着一个多任务应用程序，该程序使市民只须单击几下鼠标即可支付水费、煤气费甚至交通违章罚款。北京率先将移动支付用于公共交通和零售业，甚至将首都的街头小贩都整合到该技术中。

在新冠疫情暴发之前，宁波、广州和其他城市的医院就启动了通用的在线平台，市民可以在这里进行预约挂号、支付医院费用并获得其他医疗服务。他们还可以使用微信支付将处方药配送到家。微信和微博等社交网络的应用十分活跃，它们既可以作为公共卫生信息的传播平台，也可以作为通过官方账号向用户提供反馈的机制，而社会意见领袖也开始通过社交媒体积极解释在疫情期间自己的行为方式。总体而言,中国对新冠肺炎疫情反应的显著特征是广泛使用移动应用程序获取医疗信息和医疗服务。与 2003 年 SARS 疫情相比——当时居民仅依靠官方渠道并相信公开的传闻,在 2020 年的新冠肺炎疫情期间,公民能够实时了解事件的进展情况。

在中国新年(春节)假期正式结束后的第一个工作日,全国近百万的企业和近两亿人开始在家工作。阿里巴巴和腾讯等互联网公司已经开始在中国各地的在线平台上提供免费培训,并提供云办公、产品云配送和线上会议等服务。

阿里巴巴主要使用其钉钉平台,腾讯使用其微信平台,它们不仅相互补充,而且相互竞争。

阿里巴巴已经建立了一个在线平台,用于在杭州的企业申请复工复产。在同一城市,许多企业都通过钉钉应用程序递交了复工复产的申请。有几百个团队及其几千名员工,通过钉钉和"手淘"组合进行了营销。从 2020 年 2 月 7 日到 2 月 14 日,日销售额超过了 100 万。

自 2020 年 2 月以来,中国科技巨头腾讯和阿里巴巴还推出了健康码系统。腾讯和阿里巴巴的健康码系统嵌入到已广泛应用的微信应用程序和支付宝的应用程序中。在向应用程序输入诸如身份证、地址、健康状况、接触史、居住史和所到过地方的历史记录等信息之后,居民会收到一个彩色的"健康码"。"健康码"是公民可以进入公共场所的证明,也是复工或复学的必要条件[11]。此外,可以通过"健康码"的颜色对公民进行分类,以实施必要的管理。

之前也使用过"健康码",但是最初获取它需要花费大约30天的时间,现在可以在1天之内获得它。在程序发布后的5天内,这些"健康码"在全国范围内得到了应用。

对于每个城市,"健康码"都有自己的一套规则。例如,在杭州,在分析了个人信息之后,系统生成了一个颜色码:"绿色"码允许公民在城市中自由行动,"红色"和"黄色"码可能分别导致该码的持有者在家中或在设备特殊的酒店中被隔离14和7天。3月中旬,国务院联防联控机制综合组印发《关于依托全国一体化政务服务平台加快推进"健康通行码"跨地区互通互认的通知》,要求尽快实现全国范围内"健康通行码"的"一码通行",实现"健康通行码"在全国范围互信互认。

借助新技术,中国对各个地区的危险等级也进行了"划分"。例如,可以在微信上启动一个小程序,以便公民可以检查在特殊区域的感染风险等级;而对于流行病学家来说,则可以检查公民过去14天内到过的国家和城市并判断他们是否在那里停留超过4个小时导致引发感染风险。

与针对公民个人"健康码"系统的颜色方案类似,为低风险地区提供"绿色"码,为中风险地区提供"黄色"码,为高风险地区提供"红色"码。低风险地区是指无确诊病例或连续14天没有确诊病例的区域。中风险地区是指14天内有新确诊病例,但累计确诊病例不超过50例,或累计确诊病例超过50例,14天内未发生聚集性疫情的地区。高风险地区是指已确诊病例的累计数量超过50且最近14天已报告发生聚集性疫情的地区。该程序还允许用户检查公民在过去14天内是否与确诊的病例乘坐过同一公共交通工具。

自2020年5月7日起,全国的中高风险区域全部"清零"。

但是，这种情况并没有持续很长时间：5月10日，吉林省舒兰市被重新归类为高风险地区，随后6月中旬北京部分地区也转入高风险地区。

中国有19个省使用钉钉在线平台恢复商业流程。2020年2月5日，钉钉首次超过微信，成为苹果应用商店中排名第一的应用程序。到2月12日，钉钉已扩容了约10万台云服务器，为了确保网络通畅，2小时内增加超过1万台云服务器，创下容量增加的新纪录。

在新冠肺炎疫情期间，许多商店关门，这导致仓库出现积压现象。销售转入线上后，商店变成了仓库，所有制成品都从那里交付给消费者。小餐馆也变成了制成品的仓库，为小区的居民准备食物，并将其交给专门的快递员进行配送。

在线技术也被用来应对失业，许多企业不仅转入到线上，而且开始使用在线技术招募新员工。例如，为了帮助新毕业大学毕业生找到工作，中国教育部于2020年2月底启动了在线招聘活动"24365校园招聘服务"，数字代表一年365天每天24小时。该活动由教育部在自己的招聘平台"新职业网（www.ncss.cn）"以及5个大型商业招聘网站——智联招聘、BOSS直聘、51job、猎聘和中华英才网——上进行。效果惊人：活动启动一周后，这些平台上发布了超过200万个职位，吸引了超过25万个新用户。

中国人力资源和社会保障部也于3月20日启动了全国性在线招聘项目"百日千万网络招聘专项行动"，参与的企业包括智联招聘、抖音和支付宝等。主招聘会场设在中国公共招聘网和中国国家人才网。该项目计划创造超过1000万个工作岗位，项目持续到 6 月底。根据中国人力资源和社会保障部的数据，活动第一天就有 95 万家公司发布了 570 多万个工作岗位。

在中国新冠肺炎疫情期间，远程医疗是另一个需求巨大的领域。中国卫生健康领域最尖锐的问题之一是，大多数优质医院都集中在大城市，根据经济合作与发展组织（OECD）的数据，中国每千名公民中仅有 1.8 名执业医生，这是一个极低的数字[12]。但是，中国的解决方案不是机械地增加医生人数，而是扩大远程医疗和利用人工智能诊断疾病。

自 1998 年起，中国开始采用远程医疗，目前已经非常普及。中国有几个主要的网络医疗服务提供者：平安好医生、阿里健康、微医、Gem 健康网络（GHN）、国际医学中国互联网委员会（IMNC），以及向所有人提供服务的中国人民解放军总医院远程医学中心。每一个都有自己的移动应用程序，可以将其连接到微信。

新冠肺炎疫情开始暴发后，数百万人开始积极使用这些平台。例如，从新冠肺炎疫情暴发到 2 月中旬，平安好医生平台的访问量达到约 11.1 亿次，新客户数量增加了 10 倍[13]。

从 2020 年 1 月 20 日至 2 月 13 日，微信上的医疗小程序数量增加近 800 个，环比上一年同期，访问这些平台的用户增加了 347%。

在新冠肺炎疫情暴发之前，中国人通常更愿意自己去看医生，而数字化服务的普及率很低：根据贝恩公司的一项调查，只有 24% 的中国受访者使用过远程医疗。但是，如果费用由保险提供商或雇主负担，则 97% 的人表示对数字医疗服务感兴趣，而 64% 的人打算在未来 5 年内使用远程医疗。

在中国，这种远程医疗应用程序不仅是某种虚拟的"患者候诊室"，而且还是使用人工智能诊断疾病的强大平台。在大多数情况下，患者不再需要去大城市接受高质量的医疗咨询。在这方面领先的是巨头阿里巴巴和腾讯，它们使用人工智能技术来处理医学扫描和诊断[14]。腾讯发布了自己的人工智能软件"觅影"，该软件首先在广西南部进行了测试，然后在全国近 100 家医院中使用。较小的初创公司也希望开发自己的医学 AI 技术，根据亿欧智库的数据，2017 年至少有 131 家中国公司在从事卫生健康领域的人工智能研究[15]。上海的初创公司 HiNounou 正在开发面向老年人的智能医疗设备，以帮助他们进行相互交流和提供持续的健康监测服务，其中包括为老年人提供可以测量血氧、血糖和血压的家庭诊断可穿戴套件[16]。上海的另一家创业公司 The CareVoice 为消费者提供一个数字平台，用于处理有关保险单所覆盖的医保机构和服务的信息。客户通过移动应用程序输入其详细信息，然后平台根据其症状和保险政策将其指派到相应的医疗机构[17]。

从 2019 年 12 月到 2020 年 1 月，平安好医生平台的新用户数量增加了近 900%。医疗工作者的在线社区"丁香园"和"春雨医生"远程医疗平台的在线用户和访问量也有所增加。新冠肺炎疫情的暴发引发了商业医疗保险的短暂繁荣[18]。

从集中式大学平台到教授外语、舞蹈和烹饪的小型创业公司，各种各样的在线学习系统也得到了飞速发展。在新年结束后开学的第一天，在 300 多个城市中，有 60 万名教师通过钉钉直播为 5000 万学生上课。2020 年 2 月，超过 40 家数字阅读公司提供了免费服务[19]。

中小学生和大学生还使用钉钉应用程序作为教育平台，该平台在 2020 年 1—2 月被下载了 11 亿次。腾讯还抓住机遇，扩大了业务范围，并迅速创建了一个在线教育端口，即"腾讯课堂"，满足了武汉市各学校的在线教育需求。截至 2020 年 2 月 10 日，腾讯直播覆盖了该平台约 81% 的用户。换句话说，武汉的 90 万中小学生中有 73 万人选择通过腾讯直播端口进行在线学习[20]。

为了振兴新技术行业，中国政府力求以各种方式刺激高新技术区的发展，例如，为高新区发展专门的云技术，为优先行业的工作开发在线学习系统，以及鼓励服务行业企业通过在线服务和使用智能机器人提供非接触式的服务[21]。

自从新冠肺炎疫情暴发以来，中国的机器人技术公司看到了他们的产品需求飞涨，因为这些产品被放置在医院和其他公共场所，用于运送食品和药品、对公共场所进行消毒、测量体温并借助医生提供的表格协助诊断患者。

例如，2013 年作为一家初创公司开始运营的上海高斯机器人公司[22] 就经历了对其机器人清洁设备的巨大需求（该设备已被改造用于医院消毒），甚至难以按时完成订单。在新冠肺炎疫情期间，该公司免费向医院出租了一些机器人，与此同时，来自购物中心的商业订单也在稳步增长。以色列、韩国、泰国以及一些欧洲国家包括英国已下单订购这些消毒机器人。

但是，新冠疫情也在此造成了不良影响。例如，高斯机器人公司的管理层表示，由于原材料的供应商在新冠肺炎疫情期间无法维持正常的生产流程，在 2020 年第一季度他们遭遇了供应链方面的问题，直到 5 月他们才恢复到以前的供应水平。

另一家公司猎户星空机器人，最初是由总部位于北京的移动互联网公司猎豹移动公司投资的一家小型创业公司，也一直在积极利用这一局面。这家处理人工智能和机器人技术的公司已经优化了一些现有的用于医院的摄像头和机器人模式。例如，它为其中一个机器人配备了红外温度计，以确定来访者的体温从而筛除潜在的新冠肺炎患者。

在深圳，优必选机器人公司已在该市最大的传染病医院之一安装了机器人，以执行诸如测量体温、解答患者常见问题和远程医疗服务等任务[23]。

作为对隔离的回应，实时流媒体变得非常流行。"抖音"在线视频服务和拥有两亿日活跃用户的"快手"视频共享服务在在线平台中特别受欢迎[24]。根据QuestMobile的报告，在2020年农历新年庆祝活动中，"抖音"用户平均每天使用该应用程序的时间为99分钟，高于前一年假期期间的67分钟。与之最接近的竞争对手"快手"在同一时期的平均每日使用时间也从44分钟增加到71分钟[25]。

事实证明，"抖音"平台在正式会议上也非常受欢迎，而且这种在线会议的形式开始于新冠肺炎疫情在中国暴发之前。例如，截至2018年底，中国已有5700多家国家机构在"抖音"平台上开展工作。

但是随着新冠肺炎疫情的暴发，官方活动也转到线上。湖北省政府参与了在"抖音"上进行的现场直播活动，这是一项全国性举措的一部分，目的是帮助受新冠肺炎疫情影响的中国各地区恢复经济活动。这场在"抖音"上举行的题为"市长带你看湖北"的活动于2020年4月8日开始，做了关于武汉复工复产等情况的介绍并推介湖北知名企业产品，活动非常成功[26]。

截至 2020 年 3 月 28 日，超过 30 个县（市）政府在"抖音"平台上进行了现场直播，帮助销售超过 100 万种农产品。

同样，中国搜索引擎——百度公司也扩展了其地图绘制应用程序，用来标注新冠病毒感染可能性更高的高风险区域。百度每天通过其"百度地图"应用程序和其他定位服务应用程序处理超过 1200 亿个定位请求，并通过百度追踪了违反武汉隔离制度的人员[27]。

迈向"主权数字货币"

2020 年 5 月，中国开始推出世界上第一个主权数字货币，中国的 4 个大城市成为试点城市。在新的数字货币背后，可以看到中国使自身经济以及可能使世界经济与美元"脱钩"的新战略。

中国政府的主要任务是提高"人民币国际化指数"：当人民币作为国际结算手段时，要对人民币的所有功能进行全球性考量。因此计算中要考虑人民币在全球跨境支付贸易中所占的份额、人民币在国际金融负债总额中所占的比例、人民币在外国直接投资中所占的比例以及在其他国家的金融体系中将人民币作为储备货币时的比例，所以中国如此积极地寻求使本国货币出现在其他国家的储备中。

长期以来，中国领导人一直追求在国际结算中最大限度地使用人民币这一长期目标。与此同时，其希望人民币的地位反映出中国经济在世界进程中日益重要的作用。中国的主要任务是增加人民币作为贸易和投资货币的影响力。SWIFT（环球银行金融电信协会）的报告证明，2017—2019年人民币在全球支付中的份额增加了28个基点。但截至2019年8月，人民币作为全球支付货币的份额为2.2%，而2011年7月，这一数字不到0.5%。尽管这可以看作非常明显的增长，但人民币仍然说不上是世界支付系统中的重要组成部分。至于使用人民币结算的金融机构数量，到2019年7月比2017年7月增长了11.31%，总数从1989家增加到2214家[28]。但在世界货币结算中人民币的份额并不重要。

总体而言，情况变得更加自相矛盾，因为人民币是唯一力图获得国际认可的主要货币，但同时其不能自由兑换，只得到一个国家的大力支持。失衡在这一领域最为明显。人民币的角色与中国自身在世界经济中的角色之间的差距巨大。而美元和欧元则是另一种情况。作为跨境支付的货币，人民币目前排名第五（仅次于美元、欧元、英镑和日元）。

根据中国人民银行的数据，从2013年至2018年，外国机构和个人持有的人民币计价资产增长了65%以上，从约2.9万亿元增至约4.85万亿元。跨境资金流也有所增加[29]。

中国人民银行于2020年4—5月加快了电子人民币的开发，该电子货币将成为由国家而不是私人企业创造和管理的第一个数字货币，并且这个国家是世界上最大的经济体之一。

中国很早寄望于开发官方区块链，并在1月初宣布逐步开始向使用虚拟货币过渡。

最初，引入区块链仅是为了解决国内问题，但到了4—5月，中国开始将其视为对美元经济的回应。

积极实施的时间选择并非偶然：可以预见，在数字支付平台日益普及的背景下，随着人们为避免物理接触开始在新冠肺炎疫情期间进行电子支付，国家提供的网络货币可能会变得非常流行。但是，这里有一个重要的细节：如果绝大多数数字货币为资金持有人考虑了匿名的特性，那么就会常常被用于进行非法交易，所以中国数字货币应该对国家支付系统保持透明。

对于中国而言，主权数字货币是美元结算系统的功能替代品，可以应对美国对国家层面或单个企业层面的任何"制裁"或威胁。

中国人民银行已经开始在包括深圳、苏州、成都以及北京以南的雄安新区在内的多个城市测试其数字货币。数字货币也有可能在一些举办北京2022年冬季奥运会的地区进行测试。在苏州，数字货币被用来补贴交通费，而在雄安，数字货币则侧重于零售的支付[30]。

中国没有积极引进国外的电子支付系统，例如苹果支付或三星支付，而是逐步并且非常成功地开发了自己的系统。表面上看，这里没有特别的创新，电子支付早已在中国引入，并且对于绝大多数中国居民来说已经很平常了。尤其是，数字结算系统支付宝和微信支付非常普及。这些系统已经运行了很多年，并已成为一种人们习以为常的购物支付方式，甚至可以把工资收到电子钱包。没错，在此之前，他们不会取代当前的货币——人民币，而只是方便的电子支付系统。此外，由于与现有支付平台的交易数据分散在几个不相关的系统中，因此人民银行无法实时监控现金的流向。而这次我们谈论的是支付手段完全集中的"数字化"。

最重要的是，区块链系统能够解决资产、信托和基金收入的非透明管理问题，并且实际上可以消除中国庞大的"影子银行"产业。例如，中国银保监会国有重点金融机构监事会正局级监事陈伟刚提出了引入主权区块链的想法："区块链在银行为小型和微型企业提供贷款方面可以发挥更大的作用。在为小型和微型企业发放贷款时，银行最担心的是信息不对称：银行和保险公司不了解企业的真实情况，因此银行不愿发放贷款，而保险公司则不愿提供担保。使用区块链，所有公司、银行和保险公司都在同一链条中，并且企业的每一步都反映在其中：企业债务、生产、销售、产品质量反馈、营业额、净利润等。"这也将加剧商业银行之间的竞争："实际上，人民银行发行数字货币类似于同一家人民银行目前发行纸币的过程……不同之处在于我们的工资不再存放在商业银行中，而是直接存放在数字钱包中。人们的数字钱包、人民银行的数字钱包相当于原来的银行卡。在商店购物时，人们不需要与银行有任何关系。买家手中的数字钱包可以直接将钱转账到商家的数字钱包，进行点对点的货币转账。商家的数字钱包收到的是实实在在的货币，这些货币需要存入银行以获取利息。货币的流通与银行没有那么密切的关系，因此商家可以自由选择在哪个银行存放存款[31]。"

正在开发该系统的中国人民银行数字货币研究所在2020年4月17日表示，数字人民币的研究与开发正在"稳步推进"，并且已基本高质量完成了顶层设计、功能研发工作。

这种数字货币还打算用于"一带一路"倡议框架内。早在2014年，习近平就宣布为"一带一路"沿线的亚洲国家创建金融平台，并设立了400亿美元的丝路基金[32]，旨在扩大人民币的国际使用范围。此外，一些"一带一路"伙伴国家理论上准备为人民币提供"特别权利"。

此外，许多国家对完全过渡到使用本国货币进行结算表示担心，因为是人民币而不是另一个国家的货币在其中起重要作用。俄罗斯是少数几个支持通过本国货币进行贸易结算的国家之一。早在2014年，俄罗斯联邦中央银行和中国人民银行就签署了货币互换协议。2017年，在莫斯科开设了人民币清算中心。到2019年，已有多家俄罗斯商业银行开通了人民币结算代理账户。俄罗斯和中国于2019年6月28日签署了一项政府间协议，开始向以本国货币结算和付款过渡。目前，许多俄罗斯银行已经开始使用类似SWIFT的中文版本——中国国际支付系统[33]。

2018年，美元占俄罗斯出口支付总额的75.1%，同年的第四季度，美元占支付总额的一半略多——54.5%。在俄罗斯和中国的对外贸易中，尽管2019年第一季度美元的份额严重下降，但仍占支付的一半以上——55.7%[34]。

因此，单单通过扩大贸易或转用本国货币进行结算来扩大人民币使用范围的尝试并没有明显改变这种状况。因此，中国走了一条更具创新性的道路：创建中国的区块链。从各方面来看，中国加速采用数字货币是对Facebook推出Libra的快速回应[35]。中国人一如既往地认真跟踪所有的全球创新，创建了自己的替代方案，这些替代方案通常得到了国家的支持。

中国官方媒体解释了在新冠肺炎疫情期间迅速采用主权数字货币的重要性。首先是美国外交政策威胁将美元变成"武器",通过实行单方面的惩罚性"制裁",威胁将通过 SWIFT 系统将企业排除在美元结算系统之外,已经针对伊朗、委内瑞拉采取了此类行动。再如,澳大利亚政府被迫退出与华为公司的关于维护新的铁路网络的协议,部分原因是在进行财务转账方面存在困难。

其次,中国需要做出回应,以应对"美元勒索"。因此,就付款方式而言,这为投资者和企业提供了选择。这是基于人民币的贸易结算系统的进一步发展,可以替代美元结算。第三,显而易见的是,将来"数字人民币"将用于国际结算:这些国家已经加入了中国"一带一路"倡议[36]。此外,从理论上讲,在世界贸易停滞的情况下,采用新的支付系统可以大大恢复贸易营业额,为中国的"软实力"取得更大的成功提供更多的机会。但是由于中国是货币的持有者和发行者,数字人民币的用户将更加依赖中国的金融体系。

浙江大学国际联合商学院教授文武对新型"数字货币和电子支付工具"(DCEP)的性质发表了非常有趣的评论。他于2011年成为电子货币 eCurrency 的创始人之一,桥水基金的雷·达里奥、浙江大学国际联合商学院院长、中国人民大学国际货币研究所创办人贲圣林(顺便说一下,他是青岛著名啤酒公司青岛啤酒股份有限公司的独立董事)对其进行了投资。

首先,他们指出"它不是加密货币,因为它不需要共识"。其次,"这是一种支付系统,而不是货币信贷政策的工具"。它可与现金并行使用。第三,它与诸如支付宝和微信支付之类的中国电子支付系统的功能不同,因为支付宝和微信钱包中的商业银行存款货币仍需要某种真实存款,而 DCEP 却可以代替现金，其方法将是确定的。因此，DCEP 将与其他支付方式一起存在。

同时，数字货币将用于多种目的，例如支付税款或 B2B 支付。它是"集中式结构的混合系统"。无须在较低层级使用区块链，因为该系统涉及亿万普通人（这里区块链技术将无法正常运行），但它用在较高层级，在需要信任机制的企业和机构之间的跨境机制中，区块链可以在此作为管理机制[37]。这些专家得出的重要结论是，数字人民币可用于跨境支付，即它是进入国外市场的新的中国货币。毫无疑问，它与现有的人民币没有任何直接联系，从而形成了"第二回路"：人民币本身不受影响，仍然安全。

注释

1. 国务院关于印发新一代人工智能发展规划的通知，2020 年 7 月 20 日，http://www.gov.cn/zhengce/content/2017-07/20/content_5211996.htm，访问日期：2020 年 7 月 20 日。

2. 我国力争 2035 年网络空间综合实力进入全球第一梯队，2017 年 12 月 26 日，http://www.cac.gov.cn/2017-12/26/c_1122164352.htm，访问日期：2020 年 3 月 17 日。

3. Fok Kitty, Lianfeng Wu, Zhenshan Zhong, Thomas Zhou, Antonio Wang, Impact of COVID-19 on China's Economy and ICT Market, IDC China, March 2020, accessed April 20, 2020, https://www.idc.com/getdoc.jsp?containerId=CHE46110220.

4. Patrick Zhan, Jill Zu, 疫情对政府 ICT 市场的影响及对智慧城市的作用，IDC China, 2020 年 4 月，https://www.idc.com/getdoc.jsp?containerId=CHC46165520，访问日期：2020 年 5 月 20 日。

5. Lhasa To Become South Asian Big Data Tech Link with China,

June 9, 2020, accessed July 20, 2020, https://www.silkroadbriefing.com/news/2020/06/09/lhasa-become-south-asian-big-data-tech-link-china/?utm_source=traqli&utm_medium=email&utm_campaign=EUall&tqid=3fC2YiUqCBQBn4iahQOg2cwMNAHLFfSHyI9Z_WMk.

6. Mind the AI Gap: Leadership Makes the Difference (p.5), accessed March 17, 2020, https://image-src.bcg.com/Images/Mind_the%28AI%29Gap-Focus_tcm108-208965.pdf.

7. Jing Bing Zhang, China Robotics Market Forecast, 2019-2023, March 2020, accessed April 17, 2020, https://www.idc.com/getdoc.jsp?containerId=US44623420.

8. Could robotic automation replace China's 100 million workers in its manufacturing industry?, February 14, 2019, accessed February 16, 2020, https://www.scmp.com/economy/china-economy/article/2185993/man-vs-machine-chinas-workforce-starting-feel-strain-threat.

9. What will be the net impact of AI and related technologies on jobs in China?, PwC, September 2018, accessed April 20, 2020, https://www.pwc.com/gx/en/issues/artificial-intelligence/impact-of-ai-on-jobs-in-china.pdf.

10. Number of social network users in China from 2017 to 2023, accessed July 20, 2020, https://www.statista.com/statistics/277586/number-of-social-network-users-in-china.

11. Tencent Launches Student Health-Tracking System As China Schools Prepare to Reopen, March 24, 2020, accessed April 25, 2020, https://www.caixinglobal.com/2020-03-24/tencent-launches-student-health-tracking-system-as-china-schools-prepare-to-reopen-101533137.html.

12. Doctors, OECD Data, accessed June 7, 2020, https://data.oecd.org/healthres/doctors.htm.

13. Ping An Good Doctor Issues 2019 Sustainable Development Report Platform Visits Hit 1.11 Billion During Epidemic, February 17, 2020, accessed June 12, 2020, https://www.bloomberg.com/press-releases/2020-02-17/ping-an-good-doctor-issues-2019-sustainable-development-report-platform-visits-hit-1-11-billion-during-epidemic.

14. Amazon Wants to Disrupt Health Care in America. In China, Tech Giants Already Have, January 31, 2018, accessed June 18, 2020, https://www.nytimes.com/2018/01/31/technology/amazon-china-health-care-ai.html.

15. AI Innovatoon in Healthcare Industry in China 2017, accessed March 11, 2020, https://www.iyiou.com/intelligence/reportPreview?id=83017&&did=561.

16. https://www.hinounou.com.

17. http://www.thecarevoice.com.

18. Chang Kevin. How the Coronavirus Will Transform Healthcare in China, March 4, 2020, accessed March 10, 2020, https://www.bain.com/insights/how-the-coronavirus-will-transform-healthcare-in-china.

19. Classes in the air booming in China amid anti-virus fight, February 12, 2020, accessed February 15, 2020, https://www.globaltimes.cn/content/1179261.shtml.

20. New Business Opportunities Emerging in China Under COVID-19 Outbreak, February 18, 2020, accessed February 20, 2020, https://www.china-briefing.com/news/china-business-opportunities-COVID-19-outbreak.

21. 科技部办公厅关于做好国家高新区科学防疫推动企业有序复工复产的通知，2020年2月28日，http://www.most.gov.cn/mostinfo/xinxifenlei/fgzc/gfxwj/gfxwj2020/202002/t20200228_151984.htm，访问日期：2020年2月30日。

22. https://www.gaussianrobotics.com.

23. Qu Tracy and Coco Feng, Will the increased use of robots in everyday life continue even after COVID-19 is under control?, April 16, 2020, accessed April 18, 2020, https://www.scmp.com/tech/enterprises/article/3080230/will-increased-use-robots-everyday-life-continue-even-after-COVID.

24. Is short-video start-up Kuaishou too 'Zen' for China's internet culture? Its founders think so, June 20, 2020, accessed June 21, 2020, https://www.scmp.com/tech/start-ups/article/3015148/short-video-start-kuaishou-too-zen-chinas-internet-culture-its.

25. Chinese internet giant Baidu invests USD 70.5 million in livestreaming amid coronavirus-led boom, May 14, 2020, accessed May 15, 2020, https://

kr-asia.com/chinese-internet-giant-baidu-invests-usd-70-5-million-in-livestreaming-amid-coronavirus-led-boom.

26. Zhang Jane and Sarah Dai. Nailing the perfect handshake no longer crucial to getting a job in China, with hiring done via a screen, April 10, 2020, accessed April 11, 2020, https://www.scmp.com/tech/policy/article/3079156/nailing-perfect-handshake-no-longer-crucial-getting-job-china-hiring.

27. Mapping app location data shows how virus spread in China, February 9, 2020, accessed February 15, 2020, https://economictimes.indiatimes.com/news/international/world-news/mapping-app-location-data-shows-how-virus-spread-in-china/articleshow/74041563.cms?from=mdr.

28. Chen Jia, Yuan gains worldwide currency, China Daily, October 21, 2019, accessed March 2, 2020, https://www.chinadaily.com.cn/a/201910/21/WS5dace97ca310cf3e35571852.html.

29. Chen Jia, Yuan gains worldwide currency, China Daily, October 21, 2019, accessed February 21, 2020, https://www.chinadaily.com.cn/a/201910/21/WS5dace97ca310cf3e35571852.html.

30. Davidson Helen, China starts major trial of state-run digital currency, April 28, 2020, accessed April 29, 2020, https://amp.theguardian.com/world/2020/apr/28/china-starts-major-trial-of-state-run-digital-currency.

31. 专访陈伟钢：银保监会严禁银行为炒币提供支付渠道，2020年1月8日，http://www.bjnews.com.cn/finance/2020/01/08/671322.html，访问日期：2020年3月21日。

32. Connectivity Spearheads Development and Partnership Enables Cooperation, November 8, 2014, accessed March 10, 2020, https://www.fmprc.gov.cn/ce/ceindo/eng/jrzg/t1211795.htm.

33. Третий лишний: Пекин и Москва выкинули доллар, June 28, 2019, accessed March 11, 2020, https://www.gazeta.ru/business/2019/06/28/12459187.shtml.

34. Доля доллара в оплате экспорта из России в Китай впервые упала ниже 50%, July 26, 2019, accessed February 12, 2020, https://www.rbc.ru/economics/26/07/2019/5d39ad439a79477f145b23b0.

35. https://libra.org/en-US.

36. Guppy Daryl, The future of China's economic engagement, April 24, 2020, accessed April 25, 2020, https://www.chinadaily.com.cn/a/202004/24/WS5ea28240a310a8b2411516bf.html.

37. Beyond the Cashless Society: Chinese Professors Explain Central Bank Digital Currency, June 12, 2020, accessed June 14, 2020, https://equalocean.com/financial/20200612-beyond-the-cashless-society-chinese-prof-explain-central-bank-digital-currency.

第五章
攻击中国：原因、挑战和立场

美国和中国

美中双边关系在2019—2020年显著恶化。

美国正在对中国进行多方面系统性攻击,尤其在科学技术和经济方面。

对中国的攻击是多线条交织在一起的。按时间顺序,可以定义如下:

——增加贸易关税和"贸易战"(从2018年夏季开始);

——技术战:限制中国向美国及其他许多西方国家供应技术,以及鼓吹中国技术"有毒";

——意识形态战争(自2019年底起);

——在新冠病毒方面,对抗中国(2020年2—3月);

——建立广泛的反华联盟(从2020年7月)。

中美两国深深地扎根于现有的全球化概念中,尽管存在许多矛盾,但正是全球化导致了中美间的相互交织和相互依存。当今中国和美国在贸易、经济乃至通信领域极为相互依赖。

但是,如果对于美国来说,与中国的关系是一个最重要的国内政治问题,那么对于中国来说,与美国的关系就不是一个严重的内部层面的问题。很显然,即使在2019年贸易对抗最激烈的时期，中国也没有对美国进行严重的意识形态批评，没有提倡反美情绪。事情的进展出现于2020年3—4月，中国对美国批评不再保持沉默，做出前所未有的反驳回应。与此同时，这种反击针对的不是普通的美国人，而是出于某种原因恶意诋毁和攻击中国制度的一些外国政客。

中国长期以来没有推广任何意识形态思想，没有输出民族主义思想。习近平关于"人类命运共同体"的理念是主要的国际意识形态。这样的社会被认为是基于一种新的全球思维形式，它立足于"新时代"最广泛的合作，超越了狭窄的经济或政治全球化框架。

2020年的情况开始看起来完全不同：中国不想发生经济争端，也没有寻求意识形态的对抗。然而，自2020年4月底以来，美国一直在鼓励"友好国家"排挤中国的生产链和供应，与此同时，美国指责中国掩盖了新冠病毒危险的严重性，因为这会减少美国在年初的药物储备。中国毫不犹豫地做出回应，并加大了对美国政策的批评。

美国与中国之间：商业关系"不同寻常"

美国是中国排名靠前的主要贸易国。至少有320家大型美国公司在中国开展业务。一些美国企业在中国生产其100％的产品，而其他公司仅生产产品的零件等。例如，雅芳（Avon）、通用电气（GE）和美国电话电报公司（AT & T）已有二三十年在中国开展业务并生产产品的历史[1]。

中国和美国在彼此的经济中投入了大量资金。仅2017年一年，美国企业在中国的投资额就约为140亿美元。但是各自的投资形式有着本质的不同。如果中国对美国投资的很大一部分是通过购买美国政府和私人证券，那么流入中国的美国资金大部分是采取外国直接投资的形式。最初，中国在1979年开始开放经济之后，美国对华的外国直接投资大部分流向了以出口为导向的制造业，其目的是利用中国庞大的劳动力以及较低的工资获得最大利益。随着中国经济开始快速发展，不仅出口产品的生产，而且快速增长的国内市场也开始吸引越来越多的美国直接投资份额。另一方面，2017年中国在美新交易总值下降了近90%；已完成交易的价值下降了三分之一以上，至290亿美元。大幅下降主要是由于2016年的"过于成功"，当时中国在美国的投资达到465亿美元；而且为了应对资本外逃，中国自2017年以来减少了在全球的投资额。特朗普政府还以国家安全问题为由，大大加强了对华交易的监管[2]。

尽管中国和美国之间的贸易关系相当紧张，但与2017年相比，2018年中国与美国的贸易额有所扩大，中国对美国的出口达到创纪录的水平。2018年（贸易对抗开始前的最后一年），中国向美国出口了价值4800亿美元的商品，进口了1560亿美元的商品。

美国是对华服务贸易的重要出口国。2017年，中美两国的相互服务贸易额达到750亿美元，占两国贸易总额的10%~12%。与货物贸易不同，中国服务贸易进口主要面向美国。2017年，中国从美国进口了价值576亿美元的服务，而对美国的出口仅为174亿美元，即这里的平衡是有利于美国的，其中一些服务表现为购买技术专利和研发³。

2018年,美国和中国互为最大贸易伙伴。尽管如此,双边海外直接投资水平仍然相对较低。在贸易紧张的局势下,自2016年以来,中国对美国的外国直接投资有所放缓。

早在2017年,中国即放宽了金融业的市场准入,将单个或多个外国投资者直接或间接投资证券、基金管理、期货公司的投资比例限制放宽至51%,上述措施实施3年后,投资比例不受限制;取消对中资银行和金融资产管理公司的外资单一持股不超过20%、合计持股不超过25%的持股比例限制,实施内外一致的银行业股权投资比例规则。在此之前,中国基本上没有西方大型银行,只有汇丰银行因持有中国交通银行19%的股份,占有一席之地。

对于在中国的美国企业而言,2018年是非常有收获的一年。在参与美国商会2019年夏季进行的调查的企业中,约有77%的美国企业表示他们2018年在中国获利。将近一半的受访者还表示,他们计划在中国进行更多的投资,仅有不到四分之一的受访者打算减少在中国的投资。到了2019年底,超过53%的受访者表示,他们将放慢或削减投资,这是中美贸易紧张局势的直接结果。

美国全国房地产经纪人协会在2019年的研究中发现,过去7年来,中国投资者一直是美国房产的最大外国买家。

尽管中美之间存在矛盾,但到2019年,两国关系开始改善。根据荣鼎咨询的数据,2019年上半年美国在华直接投资达到68亿美元。另外,摩根大通于8月赢得拍卖,这将使该银行能够在中国开展其资产管理业务。PayPal于9月获得了在中国提供数字支付服务的牌照。10月，总部位于纽约的国际投资公司贝莱德集团与中国科技公司腾讯就潜在的合作达成了协议。特斯拉一年来一直在上海建造工厂并最终投产，以占领全球最大的电动汽车市场[4]。

美国—中国：在新对抗之前的喘息

中美第一阶段经贸协议于2020年1月15日签署。中国需要在未来两年内从美国购买2000亿美元的产品，其中包括约770亿美元的工业产品、约520亿美元的能源产品、约320亿美元的农产品和380亿美元的服务。

中国表示，中国不仅向美国开放市场，而且向世界各国提供更多机会。

中国还承诺消除美国某些出口商品的壁垒。

美国暂停（但并未取消）计划于2019年12月15日对价值约1620亿美元的中国商品征收新的15%的关税，而对价值约1200亿美元的中国商品征收的15%关税减半至7.5%。中国也暂停实行应对措施的关税。

开始实施"第一阶段"

新冠肺炎疫情在中国的迅速传播最初引发了一个问题,即中国是否有能力履行该协议的所有条款。

尽管如此,中国总体上已经开始履行该协议"第一阶段"的条款。首先,中国明显放宽了美国公司进入中国市场的条件,并为现有公司提供了扩展条件。3月底,中国监管机构允许高盛[5]和摩根士丹利拥有其在中国合资企业的控股权。

尽管有新冠肺炎疫情,中国还是开始对美国产品放开了自己的市场。2020年2月,中国取消了对某些产品的禁令。

中国还恢复了从美国采购猪肉、高粱和大豆,并于2020年2月初宣布对价值750亿美元的美国产品降低一半的关税[6]。

2020年5月12日,中国国务院关税税则委员会公布了79种美国商品的名单,这些商品可从对等关税中排除[7]。早在2020年2月,中国还对另外696种美国商品(包括主要的农业和能源产品)免除了对等关税,这被视为朝着开始实施中美第一阶段协议迈出的一步。

如此,中国以各种方式表明,它严格遵守义务,不希望发生新一轮的贸易战。但是,美国错误地认为,贸易"制裁"可以成为对中国施加压力的绝佳而有效的杠杆。然而,持续进行贸易战的巨大威胁可能引发因新冠肺炎疫情导致的市场恐慌。

唐纳德·特朗普在 5 月初的发言中威胁要重启中美贸易战时利用了这一点，这次他指责中国隐瞒了新冠肺炎疫情的消息。这立即引发了全球金融市场的再次下跌，因新冠肺炎疫情导致的经济成本持续上升。5 月 1 日英国 FTSE-100 指数立即下跌了 144 点（或 2.5%），道琼斯工业平均指数在纽约的日间交易中下跌超过 2%。[8]

对中国的施压逐渐增加，但非常明显。特朗普对第一阶段贸易协议的有效性表示怀疑，并说如果美国与中国完全"断绝关系"，美国将节省 5000 亿美元[9]。因此，尽管特朗普显然在提高游戏筹码，但其主要任务却被表述为美国经济与中国的完全"脱钩"。

这种观念已于一年前制定。在 2019 年 5 月，特朗普在他的推特（Twitter）上说："多年来，美国每年的贸易损失在 6000 亿—8000 亿美元之间。在中国，我们损失了 5000 亿美元。对不起，我们不会再这样做了！"[10] 也就是说，已经有 5000 亿美元的数字是预先准备好向中国提出指控的。

贸易战只是美国对中国进行的全面"正面"战争的一小部分。这种攻势的主要思想不仅是在世界贸易普遍下降的背景下减慢中国在世界上的行动步伐，而且要最大程度地使美国"脱离"中国，使美国减少对中国产品和已经持续了几年的美国亲中游说团体的依赖。后者对政治决策产生了重大影响。

为了增加对中国的压力，美国一再泄露有关对北京实施最严厉"制裁"可能性的信息。例如，白宫高级官员已经考虑过注销对华 1.1 万亿美元全部或部分债务的想法，然而，任何取消对华债务的步骤——实际上是债务违约——都可能与美国利益相违背。例如，如果开了这个先例，之后许多国家将会拒绝投资美国债券。反过来，这可能会在美国增加发行新的此类债券以应对疫情和经济损失的时候，给美国政府债券市场造成麻烦。同时，对中国而言，这是一个很小的数目，美国债务违约不太可能严重影响中国的经济。但是，这种违约本身（即实质上是没收一个主权国家的金钱）等于宣战，对全球市场来说将是灾难性的。

此外，美国限制向中国的技术转让。这可能会减缓中国科技行业的增长，从而对其造成伤害。但是，对中国发展的长期影响不太可能是致命的。自 2016 年以来，美国一直在加紧限制对中国的技术转让，而美国公司很早就被禁止销售任何可用于军事目的的产品。

在新冠肺炎疫情流行期间向中国提出"索偿清单"

2020 年所发生的与新冠肺炎流行的有关事件中，最为特别的是以美国为首的一些国家对中国展开的疯狂攻击。实际上，这是在特朗普于 2017 年作为总统入主白宫后加剧对中国施加压力的延续。

这次对中国全面攻击的主要目标是，持续对中国进行长时间（也许是数年）的指控，而且此次对中国提出的"制裁"比以往的情况都更为严重。这迫使中国寻找证据，以证明中国不应该为新冠肺炎流行而负责任，也不是其行动导致了世界经济体系崩溃了几个月。这种防卫是非常正确的。因为新冠肺炎的肆虐影响着全世界人口的生活和福祉,因此,中国实际上长期处于捍卫者的位置,而不像是被美国和一些国家所指责的那样,是所有麻烦的"罪魁祸首"。

美国及其追随者们的这种反应更加自相矛盾,因为过去的流行病通常更为严重和复杂。根据世界卫生组织的估计,2009年在美国首先暴发的H1N1毒株感染了全世界24%的人口,在某些地区这一数字最高达到40%[11]。根据世界卫生组织的数据,一种冠状病毒引起的严重急性呼吸道综合征(SARS)的死亡率约为15%,另一种冠状病毒引起的中东呼吸综合征(MERS)的死亡率约为34%。

这种情况的悖论引起了一位美国共和党人的注意,他是2月5日在中国参加商务活动,并且写过许多有关中国的书的马里奥·卡沃洛。他在文章《各位,这里有点不对劲:对比美国2009年的H1N1病毒和中国2020年的冠状病毒》中,非常诚实地为中国辩护,文章已被中国多家媒体转载[12]。H1N1流感病毒株是2009年在美国首先暴发的,其造成数十万人死亡,但没有一个国家回避美国和孤立美国人。当初估计最终有大约6000万人受到感染,其中至少18449人死亡。3年后的2012年6月27日,美国发布了最终数据。根据美国疾病控制与预防中心(CDC)的估计,2009年的H1N1病毒导致201200人死于呼吸道疾病,另有83300人死于与H1N1感染有关的心血管疾病。然而,尽管没有人将H1N1命名为"美国病毒",但当时新冠病毒仍被顽固地称为"中国病毒"。

在新冠肺炎流行时期,美国对中国的中心思想是最大程度地贬低中国在世界进程中的作用,并证明现代中国本身存在危险。美国还在贸易和技术"制裁"方面,增加了"冠状病毒""制裁",这使中国在与其他国家进行交流时成为极度"有毒"的国家。因此,中国被推到了当前全球化概念的边缘。

美国还开始证明,与中国的任何"过于紧密"的关系都可能给国际组织造成困扰。尤其是,世卫组织领导层被指控对中国过度忠诚,美国扬言要离开世卫组织,并停止对该组织的资助,事实上,美国迫使自己的许多决定合法化。在此之前,美国每年向世卫组织提供的资金约为 4 亿美元,而中国则为 4000 万美元。对照中国,美国强调,如果北京增加拨款,那么美国也将增加[13]。

显然,在新冠肺炎疫情流行期间,中国没想到美国和其他一些国家会发动如此猛烈的攻击:由于共同的不幸,这些国家似乎应该团结起来。但是美国立即开始讨论中国的一些不愉快的事情,包括据称有关感染和死亡人数的信息不准确以及在中国实验室中人为制造病毒的可能性。攻击的目的很明显:将美国和欧洲的大规模疾病以及世界贸易下降的责任归咎于中国。最重要的是,美国妄想长期以"病毒泄漏"为由对中国进行约束。也就是说,即使在疫情暴发之初,美国政界人士也已非常清楚地表明,美国将在未来几年从哪一方面攻击中国。

早在 2 月中旬,当时还没有人预计到全球大流行的规模时,许多国家已经开始限制其进入中国的游客流量,一些国家采取的措施远远超出了世卫组织的建议,比如全面停止人员往来。国务委员兼外交部长王毅 2 月 14 日接受路透社采访时说:"由于美方全面限制中美人员往来,客观上会对履行协议带来一些困难。我希望美方能思考这个问题，怎么在继续防范疫情的前提下，尊重世卫组织提出的建议，不采取不必要的贸易和人员限制，克服可能会对履行协议带来的不便。双方应共同努力，把协议执行好[14]。"

2020年2月中下旬，美国通过世卫组织开始对中国发动攻击。该组织，特别是其总干事谭德塞被指控对中国过于宽容[15]……同时，谭德塞称赞中国"发现疫情的速度"及其"致力于透明度"。

中国则试图将这一争端提高到文明交换意见的水平，要求在抗击这一流行病方面进行共同努力和协调合作，但没有得到美国的积极回应。在这种背景下，特朗普于4月19日在新冠病毒特别工作组的情况通报会上说，美国正在与中国讨论是否可能派遣专家组前往中国进行调查。第二天，中国呼吁美国停止将新冠肺炎大流行归咎于中国，并说美国必须了解其敌人是该病毒，而不是中国。中国外交部发言人耿爽说，国际社会应共同努力："病毒是全人类共同的敌人，可能在任何时间、世界上任何地方出现。中国同世界其他国家一样，都受到了病毒的攻击，是受害者，不是加害者，更不是病毒的同谋。面对重大的公共卫生危机和传染病威胁，国际社会应当团结协作同舟共济，而不是相互指责[16]。"

实际上，在美国的压力下，反华联盟开始形成，澳大利亚和英国等国家也加入了联盟。例如，澳大利亚外交大臣马里斯·佩恩在4月14日对中国处理疫情的透明度提出了质疑，并要求对这种流行病的成因及其应对进行国际调查。同时，她否认世卫组织在这项调查中具有客观性，并表示绝对相信该病毒来自武汉的"水产市场"[17]。

英国外交大臣多米尼克·拉布更为严厉。他在4月16日说,中国必须回答有关新冠肺炎疫情暴发是如何发生以及如何更早停止的棘手问题。当被问及未来是否会要求中国进行"赔偿"时,他回答说:"毫无疑问,我们会提出要求[18]。"

在4月下旬和5月初,尽管存在法律障碍,而且各个州都缺乏实现其目标的现实机会,但至少有6位议员在美国联邦法院针对中国提起了诉讼,并提出了促进对中国提起法律诉讼的法案。密苏里州成为美国第一个起诉中国政府的州。密苏里州总检察长埃里克·施密特于4月21日提起诉讼,声称中国没有采取任何措施阻止该病毒的传播,并"对新冠病毒的危险性和传染性向世界撒谎",声称密苏里州的居民可能已经遭受数百亿美元的损失。4月16日,共和党参议员汤姆·科顿提出一项法案,允许美国人在美国联邦法院起诉中国,要求赔偿新冠病毒造成的死亡、伤害和经济损失。具体而言,该法案将修订《外国主权豁免法》。一天后,新泽西州的共和党人克里斯·史密斯提出了一项类似的法案,要求取消中国的主权豁免权,并允许美国人起诉中国政府。共和党人吉姆·班克斯也加入了这一行列,谴责中国政府对这一流行病的反应。2020年5月14日,中国做出回应:"中方敦促美方停止对中国的污蔑抹黑,停止审议推进有关的反华议案,制止针对中方的滥诉行为,把精力更多地放到抗击疫情和维护美国人民生命健康上去。"

在新冠肺炎流行期间,美国还在中国香港、新疆等方面干涉中国内政。

尽管可以预料,但美欧之间在反华方面的密切合作直到 2020 年 6 月中旬才最终形成。欧盟外交大臣约瑟夫·博雷尔在 6 月 15 日的新闻发布会上表示，他提议开始"明确的双边对话（与美国）"。他认为中国在国际上的行动给美国和欧盟带来了挑战，着重强调了"中国在许多方面越来越自信"[19]。6 月 25 日，美国国务卿迈克·蓬佩奥在布鲁塞尔的德国马歇尔基金会上发表讲话说，欧盟和美国创建了一种新的永久性政治磋商形式，以针对中国给西方民主造成的威胁进行高层讨论：共同确定同中国的政治对话形式，认为中国是一个崛起的危险国家，必须对此保持高度警惕。必须对中国给西方民主带来的威胁做出共同的大西洋应对[20]。

美国顽固地宣扬"共产主义中国"的危险和具有侵略性，试图让"共产主义中国"成为所有麻烦的罪魁祸首。对美国来说，需要建立一个重要的统一的"反共联盟"，类似于在冷战期间对待苏联。这种"联盟"可以以某种方式使社会主义阵营国家与新技术隔离，对许多进出口业务实行禁令。最重要的是，美国试图建立下述想象：一个"敌人"正在尽一切可能阻碍西方的集体发展，并从美国和欧洲的居民那里夺走工作。显然，美国和欧盟将采取协调行动，评估来自中国的"威胁"，扩大从新技术到网络安全的各个领域的互动，并认为这一时期已经到来。

美国在这种意识形态模型的基础上拉拢了一大批支持者，试图为中国创建一个"遏制包围圈"，以倡导一种新的全球化模式，既没有中国也没有俄罗斯的"全球化"模式。这种模式不会回归冷战时期的"两极模式"，而是以美国为"控制中心"来组织"外围政治力量"，共同对抗中国和俄罗斯。相比之下，中国已准备好进行谈判并展现出极大的灵活性，例如，6月的中欧峰会上就展示了这一点：中国提议扩大贸易和投资，但因此引来了美国和北约更为强烈的指责，可见反华同盟显然已经预先确定。

反华限制

同时，中国面临不同国家对中国投资施加的各种形式的限制。2019年，欧盟宣布中国为"经济和系统竞争者"[21]，德国、法国和意大利于2020年3—4月宣布了多项保护其业务免受外国影响的措施，主要针对中国收购[22]。同时，针对中国在欧洲的投资进行初步筛选的条件也变得非常苛刻。印度还于2020年4月收紧了对外国投资的限制，对于来自与印度接壤国家的任何外国投资者，其投资行为必须事先获得政府的批准[23]。此规则以前曾适用于孟加拉国和巴基斯坦，现在直接针对中国。

新冠肺炎大流行还证明了世界上几乎所有国家都以某种方式与中国的供应联系在一起，没有一个大公司的价值链没有贯穿中国，这表明全世界对中国经济"健康"的深深依赖。

中国和印度都是除欧盟之外向英国出售药品的大供应国，但英国还是提出了重建本国药品生产的问题。

早在2020年3月中旬，英国就部分禁止了用于治疗新冠肺炎的药物向中国的出口，其中包括羟氯喹和磷酸氯喹，英国可能需要这些药物以对抗其国内的疫情[24]。首先，禁止平行出

口 —— 批发商购买已经在英国市场上出售的药品，然后在欧洲经济区的另一个国家 / 地区销售药品 —— 这是因为批发商仓库中药品的平行出口和积累可能造成或加剧药品短缺。

2020 年 5 月，鲍里斯·约翰逊指示制订计划，以减少英国对重要医疗用品和其他战略进口商品的依赖。此前，法国总统马克龙和德国总理默克尔呼吁加强欧盟对包括药品在内的主要商品的主权[25]。

自 21 世纪第二个十年初以来，中国制造商生产了全世界使用的原料药（API）的约 40%，而中国和印度则是美国进口的 API 的 75%~80% 的来源。印度也从中国获得了大部分的 API，中国约占其 API 进口量的 70%。对于阿莫西林和布洛芬等知名药物，印度几乎 100% 依赖中国。尽管美国认为这是对中国的不健康成瘾，但美国常常忽略了一个事实，即中国本身依赖从美国和几个欧洲国家进口某些药品。2019 年，中国最大的药品进口国是德国，其后是法国、美国、意大利和瑞典。中国大部分抗癌药物是进口的[26]。

值得注意的是，即使在抗击新冠病毒的最困难时期，中国本身也没有停止进口药品原料，并且宣布，如果自己研制出疫苗，将毫无例外地向所有国家提供。

第五章 攻击中国：原因、挑战和立场

澳大利亚档案

到 2020 年 4 月底，事实显示，几乎不可能证明新冠病毒是在中国实验室中人工"工程化"然后"释放到野外"的。中国拒绝接受外国观察员进入其实验室，因为这违反了国家安全原则，并将使所谓"中国病毒"论处于"合理化"的位置。此外，许多著名的病毒学家认为，几乎不可能证明这种病毒是人为制造的。

之后，西方国家采取了另一种反华策略：指责中国刻意隐瞒疫情，拖延了时间，未及时通知其他国家以及世卫组织，从而造成了国际社会对疫情反应滞后，导致许多人的死亡。

尽管有针对中国的指控，美国国家情报局代理局长理查德·格伦内尔表示，这种病毒不是在实验室中制造的："情报界也同意，在广泛的科学共识中，新冠肺炎病毒不是人为的或基因改造的。"

许多专家和记者对"秘密档案"这件事产生了兴趣。因此，在 5 月 8 日，《卫报》发表了一篇文章，声称泄漏有关"在武汉制造病毒"的"秘密档案"无非是特朗普大选的一部分，而出版商鲁伯特·默多克则是幕后黑手[27]。实际上，这份档案有助于特朗普和迈克·蓬佩奥散布他们的谎言，即该病毒是在武汉的一个实验室"发明"的：谣言首先在澳大利亚传播，然后被兜售给美国公众,以此给公众"洗脑"。国外信息证实,澳大利亚情报界试图与"档案"保持距离的程度表明,人们(无论是澳大利亚人还是美国人)不希望以任何方式被卷入美国国内政治。英国情报界也在做同样的事情,这就是为什么《卫报》向澳大利亚政府以及可能在"五眼联盟"中的伙伴提出疑问。首先,"档案"是"智能"产品,还是来自公共领域的开源材料?其次,是"五眼"的"授权"产品,还是仅在美国"制造"的产品?第三,鉴于泄漏此类材料属于刑事犯罪,谁泄漏了它?澳大利亚政府部长参与了吗?还是美国驻堪培拉大使馆参与其中?如果澳大利亚政府认真保护机密文件,为什么警方不介入进行全面的调查呢?或者政府担心,他们可能会发现泄漏可能是由美国政治和选举利益驱动的。

在这些信息流中,几个功能非常突出。首先,这说明"泄漏"不是在美国发生,而是在与中国联系紧密并近年来明显增加了中国投资的澳大利亚发生。

在商品和服务领域,中国是澳大利亚最大的贸易伙伴。中国仍然是澳大利亚服务的最大出口市场,特别是在教育和旅游业方面。澳大利亚经济依赖中国游客,因为他们帮助创造了该国年度 GDP 的 0.6%。

此外,中国是澳大利亚服务进出口的最大合作伙伴。在过去的几年中,澳大利亚经济越来越依赖于同中国的合作。当然,毋庸置疑,美国始终认为澳大利亚是其在该地区的主要盟友。

4月22日澳大利亚总理斯科特·莫里森首次呼吁对新冠肺炎疫情暴发进行全球调查,并指责世卫组织进展缓慢[28];但在5

月 1 日，他坦率地说，他没有证据表明该疾病起源于中国武汉的实验室[29]。

"特别的沉默"

一些未具名的西方"情报机构"越来越多地"故意泄露"所谓"中国有罪"的谎言，恶意污蔑中国隐瞒新冠肺炎疫情暴发的规模和其传染性。实际上，他们使用的造谣手段，完全是以前针对俄罗斯定制的标准战术。

显然，美国将新冠肺炎的情况视为地缘政治对抗的重要组成部分，并限制了中国对国外市场的技术影响。在这种背景下，先前对中国采取的措施均未取消，但旧"制裁"措施得到了延长。特朗普于 2020 年 5 月 13 日将命令延长了一年，该命令于 2019 年 5 月 16 日禁止美国公司使用被视为对国家安全具有威胁的公司制造的电信设备，包括中国公司华为技术有限公司，该禁令还禁止向中国公司供应美国芯片。后来，在 2020 年 6 月 15 日，美国商务部和其他机构宣布将取消对与中国华为开展业务的美国公司的禁令，以便他们能够共同开发下一代 5G 网络标准[30]。然而，这没有产生任何实质的结果。

芯片制造和供应行业是美国主要的出口产品之一，也是为数不多的仍对中国产生贸易顺差的行业之一，因此潜在的芯片销售禁令可能会使美国制造商损失约 360 亿美元的收入。

值得注意的是，最初的行政命令赋予总统权力以响应该国的紧急状态来规范贸易，但并未具体提及中国或中国公司。但是，在 2019 年 5 月签署行政命令后不久，商务部将华为及其 70 个子公司添加到了清单里。从本质上讲，这是禁止中国公司在美国开展业务的禁令。

作为回应，中国暗示可能会采取措施，将苹果、思科、高通、波音和其他美国公司列入"不可靠实体清单"。按照这种技术对抗的逻辑，可能导致两种后果：中国技术的发展及其在世界范围内的业务发展显著放缓；另一方面，中国在技术开发和主要类型的机械设备创新方面不得不采用"第二种标准"，即摆脱"西方"或"美国"的"标准"而并行发展。这些标准通常不会相互交叉。

中国的回应和经验总结

在美国不断提出恶意指责情况下，中国没有发动反攻。

但是，要保持沉默是不可能的，因为西方舆论强烈反对中国。一旦中国越过了流行病的高峰，中国就开始非常注意所有针对它的袭击。

2020 年 3 月 11 日美国疾控中心主任承认美国此前有流感死者可能实患新冠肺炎。

4 月 30 日，中国国防部新闻发言人表示，美国某些政客推诿责任是极其自私和不负责任的，并说："只有团结合作才能战胜疫情[31]。"

2020年5月18日，在网上举行的世界卫生大会上，中国表现出了绝对的开放性和对话意愿，包括在调查新冠肺炎大流行的原因方面。中国表示支持各国科学家们开展病毒源头和传播途径的全球科学研究；支持在全球疫情得到控制之后，全面评估全球应对疫情工作，总结经验，弥补不足，并说这项工作需要科学专业的态度，需要世卫组织主导，坚持客观公正原则。中国还提到要提高对流行病暴发的反应速度："要针对这次疫情暴露出来的短板和不足，完善公共卫生安全治理体系，提高突发公共卫生事件应急响应速度，建立全球和地区防疫物资储备中心。"与此同时，中国呼吁加大对世卫组织的支持（这与美国的立场极为矛盾），同时宣布中国将在两年内拨款20亿美元，以帮助受新冠肺炎病毒影响的国家，特别是发展中国家。中国特别关注非洲国家，提出将建立30个中非对口医院合作机制，并加快建设非洲疾控中心总部。

2020年5月22日，国务院总理李克强在作政府工作报告时说："在疫情防控中，公共卫生应急管理等方面暴露出不少薄弱环节，群众还有一些意见和建议应予重视[32]。"他还提出："完善传染病直报和预警系统。"

5月24日，国家主席习近平在参加十三届全国人大三次会议湖北代表团审议时指出，这次应对疫情，我国公共卫生体系、医疗服务体系发挥了重要作用，但也暴露出来一些短板和不足。我们要正视存在的问题，加大改革力度……强化各级医疗机构疾病预防控制职责，督促落实传染病疫情和突发公共卫生事件报告责任，健全疾控机构与城乡社区联动工作机制，加强乡镇卫生院和社区卫生服务中心疾病预防控制职责。他还强调，要改进不明原因疾病和异常健康事件监测机制，提高评估监测敏感性和准确性，建立智慧化预警多点触发机制，健全多渠道监测预警机制，及时研判风险；要加快构建系统完备、科学规范、运行高效的公共卫生法律法规体系，健全权责明确、程序规范、执行有力的疫情防控执法机制，普及公共卫生安全和疫情防控相关法律法规[33]。

注释

1. American & International Corporations In China, accessed May 14, 2020, http://www.jiesworld.com/international_corporations_in_china.htm.

2. Cheng Evelyn, American companies in China have much at stake in the trade dispute, April 10, 2018, accessed May 19, 2020, https://www.cnbc.com/2018/04/10/american-companies-in-china-have-much-at-stake-in-the-trade-dispute.html.

3. https://comtrade.un.org/data，访问日期：2020年5月20日。

4. Disis Jill, American companies are taking enormous risks to do business in China, CNN Business, October 12, 2019, accessed February 12, 2020, https://edition.cnn.com/2019/10/11/business/us-china-trade-war-business/index.html.

5. https://www.goldmansachs.com/worldwide/greater-china.

6. China to offer trade war tariff exemptions on 700 US farm, medical, energy products amid coronavirus, February 18, 2020, accessed April 19, 2020, https://www.scmp.com/economy/china-economy/article/3051120/china-offer-trade-war-tariff-exemptions-700-us-farm-medical.

7. 国务院关税税则委员会关于第二批对美加征关税商品第二次排除清单的公告，2020年5月12日，http://gss.mof.gov.cn/gzdt/zhengcefabu/202005/t20200512_3512030.htm，访问日期：2020年6月9日。

8. Global markets recoil as Trump threatens US-China trade war, May 1, 2020, accessed June 8, 2020, https://www.theguardian.com/business/2020/

may/01/global-markets-donald-trump-us-china-trade-war-coronavirus-COVID-19.

9. Fact check: Is Trump right that the U.S. loses $500 billion in trade to China?, May 6, 2019, accessed May 7, 2020, https://www.cbsnews.com/news/trump-china-trade-deal-causes-us-to-lose-500-billion-claim-review.

10. 同上。

11. H1N1 in post-pandemic period, August 10, 2010, accessed March 11, 2020, https://www.who.int/mediacentre/news/statements/2010/h1n1_vpc_20100810/en.

12. Cavolo Mario, Something's not right here folks | A look at USA 2009 H1N1 Virus compared to China 2020 Coronavirus, February 8, 2020, accessed June 14, 2020, https://www.chinadaily.com.cn/a/202002/08/WS5e3e7ff9a310128217275fcd.html.

13. Trump set to restore partial funding to WHO after pause to investigate coronavirus response, May 16, 2020, accessed June 14, 2020, https://www.foxnews.com/media/exclusive-white-house-set-restore-partial-who-funding.

14. Galloni Alessandra, Ryan Woo (Reuter), Exclusive: Senior China diplomat concedes challenge of coronavirus, slams 'overreaction', February 14, 2020, accessed February 16, 2020, https://www.reuters.com/article/us-china-politics-exclusive/exclusive-senior-china-diplomat-concedes-challenge-of-coronavirus-slams-overreaction-idUSKBN2082EZ.

15. Page Jeremy and Betsy McKay, The World Health Organization Draws Flak for Coronavirus Response, February 12, 2020, accessed February 16, 2020, https://www.wsj.com/articles/the-world-health-organization-draws-flak-for-coronavirus-response-11581525207.

16. Xie Echo, We are not the culprit': Beijing tells US to stop blaming China for coronavirus pandemic, April 20, 2020, accessed April 21, 2020, https://www.scmp.com/news/china/society/article/3080769/we-are-not-culprit-beijing-tells-us-stop-blaming-china.

17. Marise Payne joins Insiders, April 19, 2020, accessed April 21, 2020, https://www.abc.net.au/insiders/marise-payne-joins-insiders/12162758.

18. China will have to answer hard questions on coronavirus outbreak: UK foreign minister, April 16, 2020, accessed April 21, 2020, https://www.reuters.com/article/us-health-coronavirus-britain-china/china-will-have-to-answer-hard-questions-on-coronavirus-outbreak-uk-foreign-minister-idUSKBN21Y2SV.

19. Video conference of Foreign Affairs Ministers: Remarks by High Representative/Vice-President Josep Borrell at the press conference, June 15, 2020, accessed June 16, 2020, https://eeas.europa.eu/headquarters/headquarters-homepage/80898/video-conference-foreign-affairs-ministers-remarks-high-representativevice-president-josep_en.

20. 美国和欧盟把"中国威胁"作为经常性的命题，2020年6月25日，https://tass.ru/mezhdunarodnaya-panorama/8816959，访问日期：2020年6月25日。

21. Commission reviews relations with China, proposes 10 actions, March 12, 2019, accessed March 15, 2020, https://ec.europa.eu/commission/presscorner/detail/en/IP_19_1605.

22. EU trade chief urges tougher defenses against foreign takeovers, April 16 2020, accessed April 17, 2020, https://www.ft.com/content/bf83fa94-1bcf-4532-a75a-50f41351c0d4.

23. India notifies FDI policy change mandating prior nod for border-sharing nations, April 22, 2020, accessed April 25, 2020, https://economictimes.indiatimes.com/news/economy/policy/india-notifies-fdi-policy-change-mandating-prior-nod-for-border-sharing-nations/articleshow/75304564.cms https://economictimes.indiatimes.com/news/economy/policy/india-notifies-fdi-policy-change-mandating-prior-nod-for-border-sharing-nations/articleshow/75304564.cms.

24. UK bans parallel export and hoarding of three COVID-19 drugs, March 13, 2020, accessed March 14, 2020, https://www.pharmaceutical-technology.com/comment/parallel-export-COVID-19.

25. Boris Johnson wants Britain to be less reliant on Chinese supplies in wake of coronavirus, May 22, 2020, accessed May 23, 2020, https://www.telegraph.

co.uk/news/2020/05/22/boris-johnson-wants-britain-less-reliant-chinese-supplies-wake.

26. Horner, Rory, The world needs pharmaceuticals from China and India to beat coronavirus, May 25, 2020, accessed June 4, 2020, https://theconversation.com/the-world-needs-pharmaceuticals-from-china-and-india-to-beat-coronavirus-138388.

27. Rudd Kevin, The Murdoch media's China coronavirus conspiracy has one aim: get Trump re-elected, May 8, 2018, accessed May 9, 2020, https://www.theguardian.com/media/2020/may/08/murdoch-media-china-coronavirus-conspiracy-trump-kevin-rudd.

28. Australia wants international probe into coronavirus origins, prompting backlash from China, Reuters, April 22, 2020, accessed April 23, 2020, https://www.scmp.com/news/asia/australasia/article/3081020/australia-wants-international-probe-coronavirus-origins.

29. Australian PM says no evidence coronavirus originated in Chinese laboratory but urges inquiry, Reuters, May 1, 2020, accessed May 11, 2020, https://www.scmp.com/news/asia/australasia/article/3082483/australian-pm-says-no-evidence-coronavirus-originated-chinese.

30. Donald Trump extends executive order aimed at Huawei to guard US telecoms supply chain, May 14, 2020, accessed May 15, 2020, https://www.scmp.com/news/china/article/3084287/donald-trump-extends-executive-order-aimed-huawei-guard-us-telecoms.

31. China firmly opposes U.S. stigmatization: spokesperson, May 1, 2020, accessed May 2, 2020, http://en.people.cn/n3/2020/0501/c90000-9686284.html.

32. 政府工作报告（文字实录），2020年5月22日，http://www.gov.cn/premier/2020-05/22/content_5513757.htm，访问日期：2020年5月27日。

33. 习近平参加湖北代表团审议，2020年5月24日，http://www.gov.cn/xinwen/2020-05/24/content_5514486.htm，访问日期：2020年5月26日。

第六章
再论中国

美国对中国的遏制

美国企图阻止中国的发展，首先是阻止其进入高科技领域，其次是阻止其进入美国人一直认为的自己的市场。因此，美国的主要任务是为中国制造尽可能多的障碍，以使中国不得不转移其所有力量以解决这些麻烦。贸易战只是美国引发的矛盾之一。

与此同时，美国正在努力抹黑中国的高科技，给这些产品贴上"有毒"的标志，其通过诬陷中国的通信科技有组织地全面监视用户，试图说服中国科技产品的潜在消费者，进而清除美国国内市场对中国技术的所有需求。

此外，美国企图激化中国的领土问题。

另外，中国需要国外市场和出口高科技产品。但是美国正在阻止中国进入这些市场。

美国自认为自己的行为非常聪明——阻止了中国技术向国外市场的所有出口，从而使中国只能作为"世界工厂"存在。

但这不再适合中国。我认为美国将不断对中国提出新的问题。美国将不断尝试把中国"挤出"许多国家，这些国家可能或已经是中国高科技产品的潜在购买者。美国还将试图限制中国在世界的基础设施建设,主要是中国对道路的建设或对重大资产的收购。一个很好的例子就是美国干预中国和乌克兰之间的交易,阻挠中国购买乌克兰的飞机和火箭发动机工厂。也就是说,现在美国将试图控制世界范围内中国的所有主要购买。

也许中国指望着这样一个可能性,即特朗普离开美国总统位置以后,美国对华政策将发生变化。但是我们应该为这样的事实做好准备:无论是在特朗普任职期间还是在特朗普离任之后,这种情况都不会发生。正如美国人过去经常在中国强调人权一样,他们现在将在中国经济上大做文章。今天很难说这一切将如何结束,因为到那时世界形势可能会发生根本变化。

中国价值观和高科技[1]

2020年2月,在慕尼黑举行的一次会议上,奥地利总理塞巴斯蒂安·库尔茨与加拿大总理特鲁多就西方和东方价值观讨论时说,中国已经证明了东方价值观对整个世界的有效性。他们在一次小组讨论中谈到了这一点,许多国家总理都参加了,在讨论中,他们首先使用了"去西方"或"西方的匮乏"一词,即西方国家缺乏统一的战略,对于迅速应对挑战无能为力和无计可施。

在我看来,尽管所有这些人无疑都是经验丰富的政治家,但从了解中国社会的建设方式来看,他们非常不专业。当他们说在中国,新冠肺炎疫情暴发初期医院是在10天之内建成的,这几乎与价值观无关，它与社会组织有关。当然，国家可以一次投资数十亿美元，但最重要的是，在中国，问题不仅关乎金钱，而且还在于现成的技术，以及真诚的人——许多人自愿去湖北，至少有14000名志愿者在湖北工作。很多人说，他们是被驱赶到那里的，但这是不正确的——确实是自愿参加的人。因为在中国，我们都知道，大家都"在同一条船上航行"，如果我们晃动它，如果我们不走，如果某人不履行职责，每个人都会"淹死"。现在我们看到，"铁幕"实质上是在湖北省上空坠落的，它是孤立的，在该省以外没有大的人员伤亡。这不仅说明了价值观，还说明了中国存在一种政治文化，这种文化在非常艰难的情况下，表现得非常迅速。而事实证明，在需要动员许多人的危机中，这种文化是最佳的。实际上，这是一场针对新冠病毒的战争，必须非常迅速地做出决定。在这里，中国的政治模式行之有效，正如我们所看到的，欧洲的政治模式并不是为这些压力测试而设计的。

当今的情况是独特的，该病毒生活在一种媒体空间中。现实情况远非悲剧。

即使在中国，由于政府的迅速行动，感染者的数字也不是最高的。但是中国能够正确地评估局势，人们能够对正在发生的事情进行正确的思想和道德评估。例如，一名医生死于工作场所的新冠病毒，那么许多市民宣称：他死于拯救我们，他实际上牺牲了自己。像在战争中一样，为了其他公民的健康，一些人在拯救伤者的同时死亡。这并不是由于有人强迫普通市民说这些话，也不是因为有人在主持这些网络，而是一种真诚的态度。

这是与西方完全不同的反应：对于西方而言，听到的事情比发生的现实更为重要。在过去的一个月中,这种"团结的西方"不断地散布一些谣言:谣言说这是一种"逃脱的病毒","共产党的一个集团推翻了另一个集团""中国隐藏患病数"。这些人发表不负责任的言论,他们对中国本身或发生的事情一无所知。

我想问这样的人:你们为什么要通过谣言互相取暖,以赢得社交网络的赞赏?我知道负面新闻总是比正面新闻卖得好。但是事实证明,西方人的许多价值体系行不通。

事实是,在一定历史时期内,欧洲模式长期以来在经济发展方面非常有效:无论是自由政治讨论还是自由市场,它们都运作良好。但是时代在变化,挑战在变化,欧洲模式保持不变。亚洲,尤其是中国,不是因为它从不犯错误,而是因为中国可以很快地纠正错误,这是有好处的。中国这个大国的迅速反应,给了它生存的机会。

现在,由于各种形式的激励措施,中国正在进入高科技生产领域。中国不再是全球工厂,也不再生产大量日常用品。中国开始生产高科技产品,这是在短时间内为全世界所钦佩的。

现在,越南、孟加拉国、巴基斯坦生产廉价商品。我经常给在俄罗斯、英国和美国的学生提供这样一个简单的测试:我将他们送到服装店,请他们查看标签,这些标签标注了产品的生产地。以前,几乎所有东西都是中国制造,但现在除了中国之外,到处都有。中国不再只生产消费品,还生产高科技。

不到10天的时间,政府就在武汉建立了两家医院,这很好地说明了这一点:在新冠肺炎流行之前,所有这些技术在中国已经存在。中国只是设法很快实施了所有这些措施。这些不仅仅是轻巧的临时结构,这些建筑物将持续数十年。而且这种技术不可能在这种场合被发明出来,它已经存在。现在,它已被应用于如此严峻的形势。

也就是说,中国拥有大量技术,因为中国在科学、教育和专家培训方面投入了大量资金。在科学出版物和技术出口方面,中国名列前茅。因此,一些外国人心目中的中国已不复存在。今天,恰恰是中国拥有先进的技术、不断创新的知识,从而能成功地与新冠病毒做斗争。

中国已经达到一定的经济发展水平,提出了"一带一路"倡议,并在一定程度上得到了资金和技术的支持。事实证明,中国政府为自己的人民甚至其他国家提供的服务非常受欢迎。100多个国家支持这项经济计划,因为这为许多国家提供了新的发展机会。

但重要的是,如果中国只是一个大国而又是一个脆弱的国家,没有人会加入这一倡议。

中国政府考虑人民,人民感受得到。首先,要有责任感。责任与互信是其中一部分,包括政府对人民的责任和人民对政府的责任。

其次,您需要了解或有梦想。在中国,有一个中国梦,这是一个挂在中国四面八方的口号。但这也是一种理想的诉求点,不是中国作为一个边界内的国家为之奋斗,而是中国每个人都在为之奋斗。

注释

1. 源自2020年2月26日俄罗斯OTP电视台专题采访。

结束语

自 2020 年初以来，我们一直面对新的挑战，对于经济或情感状态，我们没有万无一失的秘诀，必须即时想出许多解决方案，并且正如您所看到的，没有通用的解决方案，每个国家都在寻找自己的解决之道。

中国摆脱了新冠危机，这一事实证明了中国经济和政治体系的稳定与成功。

当然，该流行病对中国经济造成了很大的打击，但也有可能刺激新兴产业的发展，例如加速向在线业务流程管理过渡、推动远程医疗的发展等。而且其中一些成就将在未来被记录下来。中国的经济对付流行病的模式是多层的，而且是独特的，尽管它包含许多众所周知的组成部分。实际上，国家领导人已经将许多经济领域引入"人工休眠"，主要是在湖北省，他们充分了解了这将如何影响整个国家的经济。但与此同时，在整个中国都不允许发生大规模疾病的基础上，政府仅保留了支撑经济潜力以及社会稳定的产业。国务院和相关部委自 2020 年 2 月起，即在疫情最严重的时期，制定了一些措施，这些措施在 4—5 月开始积极发挥作用。因此，到 2020 年夏天，生产不仅完全恢复，效果还很显著。事实证明，只有 2020 年第一季度是"失败"的。中国政府在经济复苏期间将重点放在了几个方面。中国克服经济衰退的最重要策略是通过引入激励措施和税收减免来启动新的基础设施项目。首先,通过优惠贷款的发行,通过赋予偿还贷款和税款的能力,通过税收优惠和简化业务程序积极支持各种经济特区。其次,另一项有效措施是增加经济中的流动性,并适当提高了国家财政预算赤字,即占2020年GDP比重的3.6%(2019年为2.8%),没有出现明显的通货膨胀迹象。

新冠肺炎大流行还表明,世界上几乎所有国家都以某种方式与中国的供应联系在一起。没有一个大公司的价值链不贯穿中国,这表明全世界对中国"经济健康"的深深依赖。

中国没有将这一流行病与经济危机联系在一起,而只是将其部分产业暂时关闭了。中国把对经济恐慌的程度降到了最低。

美国对中国的攻击是系统的、多边的和长期的,旨在破坏中国正常的政治和经济生活。美国通过谴责中国的对外经济政策,污蔑中国的积极投资为制造债务陷阱,以限制和"打压"中国的经济增长。其次,污蔑中国破坏了在香港和新疆的民主和自由。第三,限制向中国供应新的高技术以及从中国购买高科技产品,以减缓中国成为世界高科技领先者。第四,指责中国隐瞒新冠病毒的信息,将全球经济危机"始作俑者"的锅甩给中国,以此孤立中国,并唆使其伙伴完全或部分与中国分离。第五,对中国和中国共产党的"共产主义意识形态"进行大规模的,同时又在术语上非常粗暴的意识形态攻击,即对与"共产主义"有关的一切事物的污名化。此外,挑拨中国人民与中国政府的关系,以所谓"区分不同"企图在中国政府和中国人民之间制造敌对。所有这些大规模攻击和污蔑都是重复了冷战期间美国针对苏联的政治战略。

美国不仅限制中国使用其新技术，而且还禁止将中国的技术进步传播到世界各地。

正是在新冠肺炎疫情暴发时严格的集中控制，政府与人民之间的信任，刺激性经济措施的成功结合，在线技术的高水平应用以及巨大的"财务缓冲"，使中国以比许多其他国家更少的损失经历了这一流行期。在许多国家看来，这大大提高了中国的"成功"形象。但这正是在新冠肺炎疫情暴发期间美国加剧对中国攻击的原因之一。

美国通过一系列反华法律、限制性措施及禁止高科技设备的供应等，对中国设置总体的障碍，使中国无法获取新的科技知识。与此同时，美国正加紧建立许多贸易和金融限制。在围绕中国"勾勒轮廓"之后，美国开始积极地对包括非洲、拉丁美洲、中亚在内的世界各地采取行动，以各种可能的方式限制中国在这些地区的行动，并试图使中国从2010年开始在这些地区的总体发展规划无法实现。

美国盘算得很简单：给中国贴上"有毒"的标签，持续不断地进行讨伐（甚至可能持续多年），以此限制中国同其他国家的交流与合作，防止中国在国际上稳定地扮演明显的经济领导者和"流行病的赢家"的角色。过去，针对中国的所有指控只引起了全球一小部分公众对这些问题的关注。现在我们正在谈论的是众多公民的健康和生活，因此现在每个人都"受到关注"。总的来说，美国让中国为这一切负责，并准备让其付出代价，因此美国和一些其他国家准备以数十万亿美元对中国提起诉讼。

美国欲阻止中国从迅速摆脱流行病和自身经济复苏中收获

果实，因此，目前正在建立一个多层次的"攻击"体系。它包括许多以前发动攻击的形式：贸易和经济对抗以及对中国经济自由化的要求，要求从美国强制购买更多商品；指控使用华为、中兴通讯和其他中国高科技公司的设备存在危险。所有这些都是为了防止中国进入世界范围内提供高科技服务的领域，进入实际上由美国公司及其关联公司垄断的行业；污蔑新冠病毒从中国实验室"逃脱"，或者中国至少晚了几周才向国际社会发出有关最新病毒及其传染性的警告，该病毒对世界经济造成高达数万亿美元的损失，并带走了——由于其他国家对这场流行病的准备不足——许多人的生命。针对中国提出的另一项主要指控，是批评"共产主义中国"，把"共产主义"作为一个警示信号，要求其盟友与中国脱钩。总的来说，美国对中国的妖魔化将会加剧，所有指责的言论都会形成对中国的围堵。

因此，攻击中国的最重要目标是使中国做出的一切努力变得徒劳无益，并否认其与经济增长有关的一切成果。这就是为什么美国在整个中国对抗新冠病毒的过程中进行有预谋的攻击，并且故意施加一次比一次更严厉的"打压"，例如故意制造谣言，说"病毒是在武汉实验室人工合成的"、从实验室"逃脱的冠状病毒""有关冠状病毒的信息延迟通告""中国造成的大流行对全球经济的损害"等等，从而让中国一步步地陷入了美国各州和"有关公民"团体的诉讼和财务索赔。在"框架"创建之后，美国将对中国的所有成就发动有力的攻击，试图不让中国实行其宏伟规划，并有条不紊地压缩其生存空间。

中国尽管在许多问题上做出了强硬的回答，但还是愿意采取灵活的行动，进行谈判和讨论。对中国而言，至关重要的是要防止反华统一战线的建立,防止在美国各种可能的刺激下使中国成为一个被孤立的国家,防止在对外投资和技术交流等领域被贴上"有毒"的标志。在流行病的条件下,中国是第一个在经济方面崛起的国家,不仅在恢复其商品市场的过程中,而且在进入新的外国市场方面都取得了明显的领先成就。随着中国对新冠肺炎流行的趋势实现了控制,政府拥有刺激经济的资源,中国必将以其强大的制造能力和庞大的消费市场引领全球复苏。